家庭で楽しむ　モロッコ料理

エンリケマルエコス
小川歩美

河出書房新社

はじめに

「ありがとう」

はじめてモロッコに行ったのは３週間ほどの一人旅でした。あの時はじめて口にした「タジン」。美味しくて、面白くて、かわいくて、知りたくて。観光そっちのけで家庭の台所や食堂の厨房に入れてもらいお料理を教えてもらいました。

その数年後、「タジンを追求したい」その想いだけでモロッコに住むことにしました。あの時食べたモロッコ料理がどうしても忘れられなかったのです。モロッコに住んだ約５年は、ひたすらモロッコ料理を探求しました。でも、言葉もわからない、道もない……。道の開けない私にチャンスを与えてくれたのも、気が弱くなっているときに温かくもてなしてくれたのも、困ったときに助けてくれたのもモロッコの人達でした。

なんとかお願いして入れて頂いたフェズのレストランでは、言葉もままならない私を受け入れてくれ、一緒に働いたモロッコのおばちゃん達は娘のようにかわいがってくれ、仕事の後は自宅で料理を御馳走して下さり、家庭料理を教えて下さいました。なんとか探した料理教室は職業訓練所のようなところで、モロッコ人の若い人達と一緒にモロッコ料理をベースにした新しい料理を身につけることができました。

その後、もっといろいろな種類のモロッコ料理を知りたくて、テレビで見た料理研究家“Choumicha（シュミシャ）”の元へ行きました。彼女の元では、モロッコの料理番組、料理雑誌、料理本、広告等の仕事をさせて頂きました。何より、モロッコ中を回ってモロッコの郷土料理を実際に見て回る事ができたのは、彼女だけでなく、モロッコテレビ局の方々のおかげです。モロッコで過ごした日々は、悲しい事もつらい事も沢山ありましたけれど、夢のようなことが沢山あった日々だったのだと思います。

また、彼等にお料理を教えて頂いた以上に、私にとって大きな収穫はモロッコに住んで、モロッコ人と暮らして働いたことで価値観が変わったことです。イスラム教という宗教の上に、ヨーロッパとアフリカとアラブの交差点として独自に築かれた文化。頭から噴火しそうになったことも沢山ありましたけれど、それ以上に私に足りない多くのことを教えてくれた毎日でした。

日本でも注目を浴びている「タジン鍋」は、こんな国の人たちの昔から使われている料理道具なのです。北アフリカの西の端のモロッコは、北は地中海に、西は大西洋に面し、国の中央にはアトラス山脈が連なり、南はサハラ砂漠という環境にあり、春と秋は短いものの四季もありますし、土壌も肥えていますから野菜とフルーツが豊富です。もちろん地中海や大西洋で獲れる魚もマルシェ（市場）に並びます。モロッコは食材に恵まれた国なのです。

モロッコの野菜をかじると自然の美味しさが口の中に広がります。マルシェに並んでいる野菜には土がついているようなものばかりです。そんな食材を使って作ったモロッコ料理は自然の風味がついているのです。こんな食材をタジン鍋で蒸し煮にしたら、どんなに美味しい一品ができるか想像しただけで笑顔になります。

モロッコ料理は近隣の地中海料理に、アルガンオイルやサフラン、ローズウォーター、オレンジフラワーウォーター等のモロッコの特産物で香りを付けたり、イスラム文化の食事事情がプラスされます。

この本でご紹介した料理は私が実際に目で見て書き留めたものです。お味噌汁や煮物にその家庭の作り方や地方の特色があるように、使うスパイスや組み合わせる材料は家庭や地域によってさまざまです。それに、モロッコ料理は全て家庭料理です。大皿を家族全員で囲んで食べます。モロッコの本当の美味しさは「家庭」にあるのです。旅行ではなかなか味わえない、そんなモロッコの家庭の味をこの本の中で紹介しています。

今でも「なぜモロッコ料理なの？」と自問することがあります。答えはきっと、おおらかでいい加減な人の温かさとモロッコの大自然…そんな素朴なところなのだと思います。今回ご紹介した料理を通して、人の温かさと自然の恵みに包まれた“モロッコ”という国の魅力が少しでも皆様に伝われば幸いです。

小川歩美

RESTAURANT ALFASSIA
مطعم الفاسية

CONTENTS

1

2

3

食卓を彩る モロッコ料理

4

定番のサイドメニュー スープ&サラダ

5

甘いもの大好き お菓子と飲みもの

モロッコ料理で使う
スパイスとハーブ、食材のこと

日本料理が、お醤油とお味噌とみりんと酒などの“調味料の組み合わせ”で調理するように、モロッコ料理は、お野菜やお肉、お魚などをターメリック、クミン、パプリカ、ジンジャーパウダーなどの数種類の“スパイス”を組み合わせて調理します。スパイスを使っているということから、辛い料理が多いのではないかと思われる方もいらっしゃるようですが、モロッコ料理は食材の持ち味を活かす調理法で、スパイスはあくまでも脇役。スパイスで“味をつける”と言うよりは、“食材の味を引き立てる”役目なのです。

市場では、スパイスが量り売りされていて、どの家庭にも決まったスパイスが常備されています。とはいえ、基本的に使うスパイスの種類はそれほど多くはなく、ペッパーも含めて８種類ほど。もちろんスパイスの種類はもっとありますし、特別な料理を作るときには、また別のスパイスを使いますが、日常的なお料理はこの８種類で作れます。

スパイスのほかに、モロッコ料理で大切なのはハーブ。コリアンダーとイタリアンパセリは欠かせません。ハーブも香りや風味をつけるのはもちろん、食材の持ち味を引き立てるのに、大切な役割を果たしてくれます。そのほかにも、よく使われるオイルや食材がいくつかあります。気に入ったレシピに使われていたものから、少しずつ試してみてください。

モロッコ料理で使う　8つの基本の粉末スパイス　本書でも使った、基本のスパイスです。

a. パプリカ
唐辛子に似た風味だが、辛みは少ない。油となじむと色がつきやすくなる性質がある。

b. サフラン
サフランの花のめしべの部分をスパイスとして使う。黄色く色づけ、香りよく仕上げるときに使う。

c. シナモン
独特の甘みがあり、お菓子類や甘めの味付けの料理によく使われる。

d. ジンジャーパウダー
日本ではなじみの少ないしょうがパウダー。手軽にしょうがの辛みと香りを足すことができる。粉末状のため、しっかり溶けて料理全体に味がなじむ。

e. ブラックペッパー
肉、魚料理などにピリッとした辛みを加える。ほかのスパイスと一緒のタイミングで加えたり、仕上げに塩と加えて味を調える。

f. ターメリック
日本ではウコンと呼ばれる。サフランと同様に黄色く色づけるときに使う。

g. クミン
ほのかな辛みと強い香りが特徴的で、コリアンダーとの相性がよい。野菜、魚介、肉類いずれにもよくあう。

h. 唐辛子パウダー
唐辛子の粉末。辛味を足すときに少量加える。粉末状なので、料理全体に辛味が行き届く。本書では赤唐辛子の粉末を使用。

よく使うハーブ

イタリアンパセリ

パセリよりも風味や香りがやさしい。刻んで薬味として使用したり、コリアンダーとブーケガルニにしたりする。

コリアンダー

エスニック料理に欠かせないハーブ。刻んだり添えたりして使う。

セロリ

イタリアンパセリやコリアンダーのように細かくしてスープに入れたり香味野菜としても使う。

ローリエ、タイム

ローリエはトマトソースを作るとき、タイムはスープやサラダによく入れる。モロッコではタイム、ローリエとも生のものが売っている。

オイル類

オリーブオイル

食材に火を通すときに鍋にひいたり、マリネ液を作るのに使う。本書では、揚げ油として使う以外はオリーブオイルを使用。

アルガンオイル

モロッコ南西部にあるアルガンの木の実からとれる油。モロッコでは古くから食用だけでなく、美容や健康のためにも使われてきた。香ばしい風味が特徴。

豆類

ドライグリーンピース

ひよこ豆

レンズ豆

白いんげん豆

スープの具として使ったり、豆だけの煮込み料理を作ったりする。白いんげん豆とひよこ豆は水に浸けてから使うと、火が通りやすくやわらかく仕上がる。

ハーブのブーケガルニ

モロッコではイタリアンパセリとコリアンダーを糸で束ねてよく使う。スープや煮込み料理に入れて煮込み、風味をつける。

その他のあると便利な食材

トマトペースト

トマトの旨みと栄養分を濃縮させペースト状にしたもの。煮込み料理のコクを出したいときに少量入れる。

オレンジフラワーウォーター

オレンジの花の蒸留水。ほんのり甘くて爽やかな香り。お菓子などの香りづけに使う。

シナモンスティック

独特な甘い香りと味。パウダーとスティックがあり、スティックは煮込み料理に入れて使うことが多い。

セモリナ粉

小麦粉のひとつでデュラムという種類の小麦を粗く挽いたもの。薄力粉よりもしっかりとした食べごたえのある仕上がりになる。

白レーズン

黒レーズンよりもさっぱりとした甘み。お菓子やクスクスに使う。

ショートパスタ

スープの具のひとつとして使われる。モロッコではクスクスのように蒸して食べることもある。

食材入手先店舗の紹介

○ エム・アンド・ピー（株）
http://www.chichukai.jp/
レモンの塩漬けやアルガンオイル等の食材やワイン、タジン鍋を扱っています。通信販売専門店。

○ アンビカショップ
東京都台東区蔵前 3-19-2
http://www.ambikajapan.com/JP/default.aspx
スパイスやトマトペースト、ドライフルーツなどを入手できます。通信販売も行っています。

★ 情報は2010年5月現在のものです。取扱商品等は、各店舗にお問い合わせください。

◉この本のモロッコ料理を作る前に

同じモロッコ料理でも、家庭によって材料や作り方は少しずつ違います。
本書で紹介するのは、著者が実際にモロッコの家庭の台所や、レストランの厨房で目で見て、
書き留めたレシピの中から紹介しています。通常モロッコで食べるモロッコ料理よりも、
ややスパイスは控えめになっています。

● 分量、食材について

○ この本では、小さじ1は5cc、大さじ1は15cc、1カップは200ccです。
○ 同じ調味料でも、実際に使うものによって味付けに違いが出てきます。味見をしながら作り、お好みの味に調えてください。
○ 塩は粗塩、砂糖はグラニュー糖、オリーブオイルはエキストラバージンオリーブオイルを使用しています。
モロッコでは、オリーブオイルとサラダオイルを混ぜて使うことが多いのですが、本書ではオリーブオイルのみを使用しています。
○ モロッコではトマトは皮をむいて調理します。本書のレシピでは、すべてトマトの皮をのぞいて調理してください。

● 調理時間、調理道具について

○ 加熱時間は、ご家庭の火力や調理器具によって違いが出ますので、
様子を見て、加減をしながら調理してください。
○ タジン鍋で作る料理(12 〜 21ページ、50 〜 53ページ)を作る際に、
本書で使用したタジン鍋は直径18cmのモロッコ製のタジン鍋を使用しています。使用するタジン鍋によって、
火の通りや水分調節に違いが出ますので、様子を見ながら加減してください。
○ 鍋は厚手のものを使用しています。比較的タジン鍋を使ったときと同じような仕上がりになるためです。

★ レシピの分量と写真の料理の量は異なる場合があります。

I

じっくり煮込む　本格タジン料理

円錐形のふたが愛らしいモロッコの土鍋。　ことこと、ことこと。
素材の旨みを引き出すように煮込みます。

モロッコ料理の代表　タジン

～やさしい味の煮込み料理を～

円錐形のふたが特徴の“タジン”は、モロッコの家庭には必ずある調理道具。これを使って作った料理のこともモロッコでは“タジン”と呼びます(以下、本書では分かりやすいように、調理道具のことは“タジン鍋”、料理のことを“タジン”と呼びます)。タジンは土鍋の一種で、熱がゆっくりと素材に伝わることで、素材の旨みや甘みを十分に引き出すことができます。鍋が浅いため素材にまんべんなく火が通ることやふたの重みで圧力をかけて調理ができることなど、おいしい料理を作るうれしい特徴がたくさんあります。

ところが、現代のモロッコでは、お肉のかたまりを使った煮込みの場合、圧力鍋で煮込むことがほとんど。こうして煮込んだお料理は“マルカ”と呼ぶこともあります。もちろん昔はタジン鍋を使っていましたが、早くて便利な圧力鍋を使うことが多くなりました。時代の経過にあわせて、道具が変わっていくのはどの世界でも同じなのです。

この本では、お野菜やお魚、鶏肉などの比較的火が通りやすい食材はタジン鍋で、かたまり肉を使う煮込み時間の長い食材は、お鍋で作る方法を紹介しました。お鍋を使って調理する場合、モロッコの家庭ではほとんど圧力鍋を使い、お祝いの席のお料理など一度にたくさんの量を作る場合には、アルミ製の大きな鍋を使います。

とはいえ、タジン鍋で煮込んだ味は格別ですから、時間のある日はタジン鍋をひっぱりだしてきて、コトコトコトコト煮込むのです。モロッコで今、一番タジン鍋を使ってお料理しているのは、街の食堂でしょう。街の食堂では、昔からの方法でタジン鍋を炭火にかけている光景をよく目にします。朝、具材をタジン鍋に入れて炭火にかけて２～３時間。お昼にちょうどおいしいタジンが出来上がるという計算です。

タジンには旬のお野菜やその土地でとれる食材を使います。スパイスとハーブは色と香りづけに欠かせませんが、なんでもかんでも入れればよいというわけではなく、やはりよい相性のお野菜とお肉があります。タジンは食材の旨みをどこまで引き出せるかで、仕上がりのおいしさが決まります。スパイスはそのための脇役、ハーブはその演出家なのです。

タジン選びと使い方

タジン選びのポイント

◎ モロッコ料理を作るには、鍋の深さは浅めのものがおすすめです。

◎ ふたにしっかりと重さがあると、蒸気をしっかりととじこめてくれます。

◎ 大きさは２～３人用なら、直径20～25cm程度のものがおすすめ。本書では18cm(１～２人用)のものを使用しています。

◎ 最近、日本ではさまざまな素材のものが市販されていますが、おすすめは陶器のもの。土鍋ならではの温かさが仕上がりに表れます。モロッコ製のものなら、土の香りがお料理につくような気がします。

ふたに穴のあいていないのが、
モロッコの伝統的なタジン鍋。しっかりと
蒸気をとじ込めてくれる反面、水分が
多い素材を使うと
ふきこぼれてしまう場合も。

モロッコ製のタジンの使い方

◎ はじめて使うときは、一晩水に浸けてから使うこと。

◎ 本来、炭火の上で使うものなので、必ず弱火（～中火）で使います。少し時間はかかりますが、弱火でも遠赤外線効果で十分調理ができます。モロッコ製のものは非常に割れやすいので、絶対に強火にかけないこと。

◎ 煮込んでいる途中で、水分量が多くふきこぼれてしまいそうなときは、スプーンなどをはさんで、少し蒸気を逃がすとよいでしょう。

タジン in モロッコ

a

b

c

a. メディナ（旧市街）の陶器屋さん
b. チキンのタジン
c. 街のタジン屋さん
d. レストランの野菜のタジン
e. 家庭の昼食
f. 陶器の町のタジン売り場
g. 食堂で調理中のタジン。スプーンをかませて蒸気を少し逃がしてあげています
h. 食堂の鶏肉と野菜のタジン

d

e

f

g

h

タジン鍋で作るタジン

タジン鍋で作ったタジンの美味しさは格別。
ここでは、お野菜やお魚など火が通りやすい素材を使って
比較的、短時間で作れるタジン鍋料理を紹介します。

野菜たっぷりのタジン

玉ねぎの甘みとトマトの酸味を、にんにくの風味で包み込んだやさしい味のタジンです。
かぶやさやいんげんのかわりに、季節のお野菜を入れてもおいしく作れます。

材 料（直径18cmのタジン鍋1個分）

玉ねぎ…中1個
トマト…中1個
じゃがいも…中1個
にんじん…中½本
かぶ…中1個
さやいんげん…3～4本
にんにく（すりおろし）…1片分
A　ターメリック…小さじ¼
　ブラックペッパー…ひとつまみ
　塩…小さじ½
　オリーブオイル…小さじ1
　水…小さじ1
コリアンダー（みじん切り）…大さじ1
オリーブオイル…大さじ1

作 り 方

1. 玉ねぎ、トマトは1cm幅にスライスする。じゃがいもは縦に⅙のくし形に切る。にんじんは縦に¼に切る。かぶは縦に¼のくし形に切る。さやいんげんは5cmほどの長さに切る。
2. タジン鍋にオリーブオイルをひいてにんにくを入れ、玉ねぎ、トマトの順に鍋底に敷き詰めるように並べる。残りの野菜を放射状に並べる。
3. Aの材料をボウルに入れてよく混ぜ、2の上からまわしかける。
4. コリアンダーをふり、ふたをして弱火にかける。ときどき煮汁を野菜にかけながら、野菜がやわらかくなるまで煮込む（15～20分ほど）。

☞ 野菜に煮汁をかけながら煮込むことで、スパイスの色が野菜にきれいにつきます。煮込んでいる途中で水分が足りないようなら、大さじ1程度の水を加えます。

☞ 火の通りにくい野菜は小さめに切ることで、ほかの野菜と同じくらいの蒸し加減に仕上がります。

ビーフミートボールのタジン

パンにつけても食べやすいように、少し小さめに丸めたミートボールをトマトソースとともに。
仕上げに卵を落として、半熟卵とからめながらいただきます。

材　料　(直径18cmのタジン鍋1個分)

A 牛ひき肉…100g
- 玉ねぎ…中¼個
- にんにく(すりおろし)…1片分
- コリアンダー(みじん切り)…小さじ1
- イタリアンパセリ(みじん切り)…小さじ1
- クミン…ひとつまみ
- パプリカ…ひとつまみ
- ブラックペッパー…ひとつまみ
- 塩…小さじ¼

卵…1個
イタリアンパセリかコリアンダー(みじん切り)…少々

◉トマトソース
トマト…大1個
玉ねぎ…中½個
にんにく(すりおろし)…1片分
塩…小さじ½
B クミン…小さじ¼
- パプリカ…小さじ¼

トマトペースト…小さじ1
オリーブオイル…大さじ1

作　り　方

1. 玉ねぎはみじん切りにする。ボウルにAの材料を入れて、よく練る(a)。
2. 1cm大に丸めてミートボールを作る(b)。
3. トマトソースを作る。トマトは半分に切ってすりおろし、皮をとりのぞく(c)。すりおろすことでなめらかなソースに仕上がる。
4. タジン鍋にオリーブオイルをひき、にんにく、みじん切りにした玉ねぎを入れて塩をふり、ふたをして弱火にかける。
5. 玉ねぎがしんなりしたら、3のトマトを加え(d)、Bのスパイス類とトマトペーストを加えて軽く混ぜ、ふたをして弱火で煮込む。
6. トマトソースがぐつぐつしてきたら2のミートボールを入れ(e)、ふたをして煮込む。
7. ミートボールに火が通ったら卵を落とし(f)、ふたをして、半熟になったら火を止める。
8. イタリアンパセリやコリアンダーをふる。

a

b

c

d

e

f

鶏肉と野菜のタジン

お野菜と鶏肉のタジンは食堂の定番メニューです。
お肉もお野菜も大きめに切って、コトコト煮込みましょう。

材　料（直径18cmのタジン鍋1個分）

骨付き鶏肉…250g
玉ねぎ…中½個
じゃがいも…中1個
トマト…中1個
にんじん…中½本
グリーンピース…20粒
コリアンダー（みじん切り）…大さじ1
A　ターメリック…小さじ¼
　ジンジャーパウダー…小さじ¼
　ブラックペッパー…ひとつまみ
塩…小さじ½
オリーブオイル…大さじ1

作り方

1. 玉ねぎは粗めのみじん切りにする。じゃがいもは0.5cm幅にスライスする。トマトは1cm幅にスライスする。にんじんは縦に¼に切る。
2. タジン鍋にオリーブオイルをひき、鶏肉、玉ねぎ、Aのスパイス類、塩を入れて、ふたをして弱火にかける。
3. 玉ねぎがしんなりすると水分が出るので、鶏肉に玉ねぎとスパイスをよくからませる。
4. 再びふたをして、ときどき混ぜ合わせながら、玉ねぎが鶏肉にしっかりからむまで煮込む（水分が足りないようなら大さじ1程度の水を加える）。
5. 鶏肉の上に、じゃがいも、トマト、にんじんの順に並べ、最後にグリーンピースとコリアンダーを入れ、ふたをして弱火でさらに煮込む（途中で水分が足りないようなら大さじ1程度の水を加え、水分が多いようなら少しふたをずらして蒸気を逃がす）。
6. ときどき煮汁をかけながら、野菜がやわらかくなるまで煮込む（15～20分ほど）。

タジンの底が焦げ付かないように、上手に鶏肉の下に煮汁が流れるようにします。

魚のタジン

海に面している街では、お魚もよく食べます。
タジンにはよく白身魚を使い、魚のダシで煮込んだお野菜は格別。
ほかのタジン料理よりも少しスパイシーな一皿です。

材 料 (直径18cmのタジン鍋1個分)

白身魚(骨付きの切り身)…1切れ

A
- コリアンダー(みじん切り)…小さじ1
- イタリアンパセリ(みじん切り)…小さじ1
- クミン…小さじ1/4
- パプリカ…小さじ1/4
- 唐辛子パウダー…ひとつまみ
- ブラックペッパー…ひとつまみ
- 塩…小さじ1/4
- オリーブオイル…大さじ1
- にんにく(すりおろし)…1片分
- レモンの搾り汁…1/8個分
- 水…大さじ1

玉ねぎ…中1/2個
トマト…中1/2個
じゃがいも…中1個
ピーマン…1個
赤パプリカ…1/4個
レモン…1/4個
水…大さじ1

作 り 方

1. Aの材料をすべてボウルに入れ、マリネ液を作る。白身魚を漬け込み(a)、2時間ほどおく。
2. 野菜を切る。玉ねぎは粗めのみじん切りに、トマトは角切りにする。じゃがいも、ピーマンは1cm幅の輪切りに、赤パプリカは縦に1cm幅に切る。レモンはくし形に切る。
3. タジン鍋に1のマリネ液の半量を入れ、玉ねぎ、白身魚、トマト、じゃがいも、ピーマン、赤パプリカ、レモンを順にのせ(b、c)、1のマリネ液の残りを上からまわしかける。
4. 最後に水をまわしかけて、ふたをして弱火にかける。途中で水分が足りないようなら大さじ1程度の水を加え、水分が多いようなら少しふたをずらして蒸気を逃がす。

お好みで青唐辛子をのせて煮込んでもおいくなります。辛さと相性のよいタジンです。

a

b

c

いわしのタジン

モロッコではポピュラーなお魚、いわしが主役のタジン。
レモンの酸味とパプリカの甘みがいわしの味をいっそう引き立てます。

材　料（直径18cmのタジン鍋1個分）

いわし…4尾（大きめなら2尾）

A　コリアンダー（みじん切り）…大さじ1
　イタリアンパセリ（みじん切り）…大さじ1
　クミン…小さじ1
　パプリカ…小さじ1
　唐辛子パウダー…小さじ¼
　ブラックペッパー…小さじ¼
　塩…小さじ½
　オリーブオイル…大さじ1
　にんにく（すりおろし）…2片分
　レモンの搾り汁…¼個分
　水…大さじ2

B　トマト…中1個
　オリーブオイル…小さじ1
　ローリエ…1枚

パプリカ（赤、黄）…各½個
レモンスライス…3枚
コリアンダー（みじん切り）…適量
イタリアンパセリ…適宜

作 り 方

1.　パプリカは網の上で焼いて皮をむき（78ページ参照）、縦に1cm幅に切る。トマトは半分に切ってすりおろし、皮だけ取りのぞく（14ページ参照）。

2.　Aの材料をすべてボウルに入れ、マリネ液を作る。

3.　いわしを開いて2のマリネ液を塗り（a）、2枚の身をあわせて重ねる（b）。

4.　タジン鍋にBの材料と3の残りのマリネ液を入れ、ふたをして弱火にかける。ふつふつしてきたら3のいわしを並べてレモンを重ね、ふたをして弱火で煮込む。ときどき煮汁をいわしにかける。

5.　いわしに火が通ったら1のパプリカをのせ（c）、パプリカが温まったら火を止める。

6.　仕上げにコリアンダーをふり、お好みでイタリアンパセリをのせる。

煮込んでいる途中で水分が多いようなら少しふたをずらし、蒸気を逃がします。それでも多い場合は、少しスプーンで煮汁をすくいます。

a

b

c

お鍋で作るタジン

タジン鍋を使わずに厚手の鍋を使い、ふたをしてゆっくり時間をかけて
少ない水分で煮込めば、味わい深い一皿に仕上がります。

レモンチキンのタジン

レストランの定番メニュー。レモンコンフィ（レモンの塩漬け）を使ったタジン。
やわらかく煮込んだチキンと爽やかなレモンの風味がとてもよく合います。

材　料（3〜4人分）
骨付き鶏肉…500g
A　レモンコンフィの果肉…¼個分
　ターメリック…小さじ½
　ジンジャーパウダー…小さじ½
　塩…小さじ¼
　にんにく（すりおろし）…1片分
　バター（室温に戻したもの）…5g
　水…大さじ1
　オリーブオイル…大さじ1
玉ねぎ…中1個
B　レモンコンフィの皮…¼個分
　コリアンダーとイタリアンパセリのブーケガルニ（7ページ参照）
　サフラン…ひとつまみ
オリーブオイル…大さじ1
オリーブ…4〜5個
イタリアンパセリ（みじん切り）…少々

作り方
1. レモンコンフィは果肉をほぐし、皮をくし形に切る。Aの材料をすべてボウルに入れ、マリネ液を作る。鶏肉を漬け込み、2時間ほどおく。
2. 厚手の鍋にオリーブオイルをひき、1の鶏肉を入れて強火で肉の表面を焼く。
3. 鶏肉の色が変わったら中火にし、粗くみじん切りにした玉ねぎを加え、鶏肉、玉ねぎ、スパイスがよくなじむように炒める。
4. 玉ねぎがしんなりしたら、鶏肉がかぶるくらいの水を入れ、Bを加えてふたをし、やわらかくなるまでゆっくり煮込む。
5. 器に4の鶏肉を盛り、煮汁をかける。オリーブを散らし、イタリアンパセリをふる。

レモンコンフィの作り方

材　料
レモン（無農薬で皮が薄いものが望ましい）…3〜4個
粗塩…200g

作り方
1. レモンをよく洗う。
2. ヘタを下にして、縦に4等分するように切り込みを入れ（a）、そこに塩を入れる（b）。
3. ガラス瓶にレモンを切れ目を上にして入れる（c）。上からすき間に少し塩を入れて、2個目のレモンを入れる。同様にして繰り返す。
4. 最後に塩を入れて（d）ふたをし、冷暗所に2〜3日置く。レモンから水分が出てくるのでその水分にレモンが漬かるように押す。
5. そのまま3週間〜1ヶ月ほど置く。20〜30日前後から使える（e）。冷蔵庫で保存する。

しっかりとレモンが汁に漬かっていないと腐ってしまうので、汁が足りないようであれば、様子を見てレモン汁を1〜2個分足しましょう。

料理には、基本的に皮のみを使い、水でサッと塩を流してから使います。

a
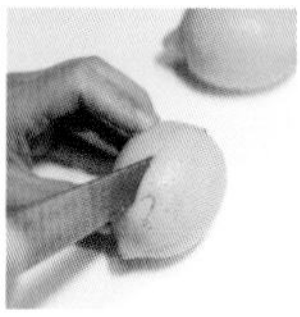
b
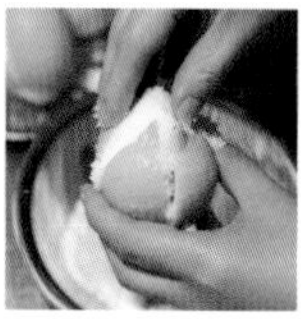
c
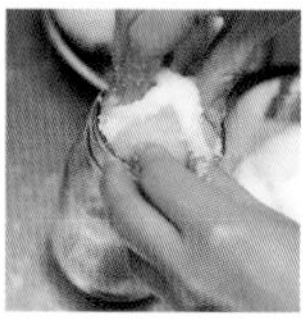
d

e

牛肉となすのタジン

揚げたなすをペーストにして、レモンをかけてさっぱりと。
こっくり煮込んだ牛肉と一緒にいただきます。

材 料 (3〜4人分)

牛肉(煮込み用かたまり肉)…500g
にんにく(すりおろし)…2片分
玉ねぎ…中1個
A ターメリック…小さじ½
　ジンジャーパウダー…小さじ½
　ブラックペッパー…ひとつまみ
塩…小さじ½
コリアンダーとイタリアンパセリのブーケガルニ(7ページ参照)
トマト…中1個
なす…5本
にんにく(すりおろし)…2片分
レモンの搾り汁…¼個分
オリーブオイル…大さじ1
揚げ油…適量
イタリアンパセリ(みじん切り)…少々

作 り 方

1. 厚手の鍋にオリーブオイルをひき、にんにく、食べやすい大きさに切った牛肉を入れて強火で肉の表面を焼く。
2. 牛肉の色が変わったら中火にし、粗くみじん切りにした玉ねぎ、Aのスパイス類、塩を入れてよくなじむように炒める。玉ねぎがしんなりしたら、角切りにしたトマトを加えて、さらに炒める。
3. 牛肉がかぶるくらいの水を入れ、ブーケガルニを加えてふたをし、牛肉がやわらかくなるまでゆっくり煮込む。
4. なすはところどころ縦に皮をむいて1cm幅の輪切りにする。素揚げし、フォークの裏でつぶす。
5. フッ素樹脂加工のフライパンに4のなすとにんにくを入れ、弱火にかけながらさらにつぶし(火にかけることで、なすの水分と油を絞り出す)、出てきた油を捨てる。塩(分量外)で味を調え、レモンの搾り汁をまわしかける。
6. 器に3の牛肉を盛り、煮汁をかける。その上に5のなすをのせ、イタリアンパセリをふる。

チキンマリネタジン

骨付き鶏肉だけでなく、鶏レバーも一緒に煮込み、旨みを凝縮させました。
フライドポテトをのせるのがモロッコ流。ソースをパンにつけて、最後まで楽しみます。

材　料（3～4人分）

骨付き鶏肉…500g
鶏レバー…100g
玉ねぎ…中1個
にんにく（すりおろし）…3片分
A　コリアンダー（みじん切り）…大さじ2
　　イタリアンパセリ（みじん切り）…大さじ2
B　ターメリック…小さじ1
　　ジンジャーパウダー…小さじ1
　　ブラックペッパー…小さじ¼
塩…小さじ1
オリーブ…4～5個
オリーブオイル…大さじ1
じゃがいも…2～3個（フライドポテト用）
揚げ油…適量

作り方

1. 玉ねぎは粗めのみじん切りに、鶏レバーは1cmの角切りにする。
2. 厚手の鍋にオリーブオイルをひき、にんにく、鶏肉を入れて強火で肉の表面を焼く。鶏肉の色が変わったら中火にし、玉ねぎ、Aのハーブ類、Bのスパイス類、塩を入れてよくなじむように炒める。
3. 玉ねぎがしんなりしたら、鶏レバーを加える。鶏肉がかぶるくらいの水を入れてふたをし、鶏肉がやわらかくなるまでゆっくり煮込む。
4. 煮えたら鶏肉を取り出し、木ベラでレバーをつぶすようにして煮汁になじませながら煮詰め、ソースを作る。
5. 器に4の鶏肉を盛り、ソースをまわしかけて、仕上げにオリーブを散らす。
6. じゃがいもを細切りにし、油で揚げてフライドポテトを作り、のせる。

煮込んだ鶏肉の表面をフライパンやオーブンで焼くと、皮までおいしく食べられます。

ひき肉詰め野菜のタジン

ゴロゴロとしたお野菜の真ん中をくりぬいて、ハーブを混ぜた
ひき肉を詰め込み、煮込みました。食べごたえのある一品です。

材 料（3〜4人分）

A 牛ひき肉…300g
- 玉ねぎ（みじん切り）…小1個分
- にんにく（すりおろし）…1片分
- コリアンダー（みじん切り）…大さじ1
- イタリアンパセリ（みじん切り）…大さじ1
- クミン…小さじ½
- パプリカ…小さじ½
- ブラックペッパー…小さじ¼
- 塩…小さじ½

にんじん…2本
じゃがいも…3個
ピーマン…3個

B トマト…中3個（皮を残してすりおろしたもの。14ページ参照）
- トマトペースト…大さじ1
- にんにく（すりおろし）…1片分
- コリアンダー（みじん切り）…小さじ1
- イタリアンパセリ（みじん切り）…小さじ1
- クミン…小さじ½
- パプリカ…小さじ½
- ブラックペッパー…ひとつまみ
- 塩…小さじ½

オリーブオイル…大さじ1
イタリアンパセリ…適宜

作 り 方

1. ボウルにAの材料をすべて入れて、よく練る。
2. にんじんはヘタと先を切り落とす。にんじん、じゃがいもの皮をむき、リンゴの芯取りで中央に穴をあける。ピーマンはヘタの部分を切り落とし、種をのぞく。
3. 2の野菜に1のひき肉を詰める。あまったひき肉は適当な大きさに丸める。
4. 厚手の鍋にオリーブオイルをひき、Bを入れて中火でよく炒める。
5. 全体がよく混ざり、ぐつぐつしてきたら、じゃがいも、にんじん、ミートボールを入れて、かぶるくらいの水を入れる。沸騰したらピーマンを加えてふたをし、野菜がやわらかくなるまでゆっくり煮込む。
6. お好みでイタリアンパセリを添える。

野菜をくりぬいたくずを5で一緒に入れて煮込むと、スープにとろみがつきます。

ひき肉とグリーンピースのタジン

春に旬を迎えるみずみずしい新鮮なグリーンピースを使えば、おいしさもひとしおです。

材 料 （3〜4人分）

A 牛ひき肉…300g
- 玉ねぎ（みじん切り）…小1個分
- にんにく（すりおろし）…2片分
- コリアンダー（みじん切り）…大さじ1
- イタリアンパセリ（みじん切り）…大さじ1
- ターメリック…小さじ½
- ジンジャーパウダー…小さじ½
- ブラックペッパー…小さじ¼
- 塩…小さじ½

玉ねぎ…中1個

B ターメリック…小さじ½
- ジンジャーパウダー…小さじ¼
- ブラックペッパー…ひとつまみ

塩…小さじ½

グリーンピース…50粒

コリアンダーのブーケガルニ

オリーブオイル…大さじ1

イタリアンパセリ（みじん切り）…少々

作 り 方

1. ボウルにAの材料を入れてよく練り、3cm大のボール状に丸める。
2. 厚手の鍋にオリーブオイルをひき、粗くみじん切りにした玉ねぎを入れて、しんなりするまで炒める。
3. 1のミートボールとBのスパイス類、塩を入れて、よくなじむように炒める。
4. ミートボールに玉ねぎがからむようになったら、グリーンピース、ミートボールがかぶるくらいの水、ブーケガルニを加えてふたをし、ミートボールに火が通るまでゆっくり煮込む。仕上げにイタリアンパセリをふる。

☞ モロッコでは、アーティチョークにこのひき肉を詰めて作ったりもします。

ラムとプルーンのタジン

モロッコでは羊のお肉もよく食べます。お祝いやおもてなしの席には必ず作るタジンです。

材　料（3～4人分）

ラム肉（煮込み用かたまり肉）…500g
にんにく（すりおろし）…2片分
玉ねぎ…中1個
A　ターメリック…小さじ½
　ジンジャーパウダー…小さじ½
　ブラックペッパー…ひとつまみ
塩…小さじ½
シナモンスティック…1本
プルーン…12粒（しっかり乾燥しているもの）
B　シナモンスティック…1本
　シナモンパウダー…小さじ½
　グラニュー糖…大さじ2
バター…10g
オリーブオイル…大さじ1
ゴマ…少々
アーモンド（お好みで）…5～6粒
揚げ油…適量

作り方

1. 厚手の鍋にオリーブオイルをひき、にんにく、食べやすい大きさに切ったラム肉を入れて強火で肉の表面を焼く。
2. ラム肉の色が変わったら中火にし、粗くみじん切りにした玉ねぎ、Aのスパイス類、塩を入れてよくなじむように炒める。
3. 玉ねぎがしんなりしたら、ラム肉がかぶるくらいの水を入れ、シナモンスティックを加えてふたをし、ラム肉がやわらかくなるまでゆっくり煮込む。
4. 別の鍋に、洗ったプルーンとプルーンがかぶるくらいの水を入れ、Bを入れて弱火で煮込む。
5. プルーンがふっくらとしてやわらかくなったら、バターを入れて2～3分で火を止める。
6. 3のラム肉がやわらかくなったら、5の煮汁を少し加えて3～4分煮る。
7. 器に3のラム肉を盛り、煮汁をかける。5のプルーンを上にのせる。ゴマ、湯むきして揚げたアーモンドをお好みでのせる。

✦COLUMN✦

好きな場所 in モロッコ✦1

マルシェとマルシェバッグ

モロッコで好きだった場所の一つ『マルシェ』。お野菜やお魚、お肉を売っているところです。どの町にも中心には常設のマルシェがあって、町の中心から少し離れたところには、週に何回かたつマルシェがあるのです。これは運動場のようなところに、簡易テントやビニールシートを広げたその上でお野菜やお肉、お魚、日用雑貨、古着までも売るお店が並ぶ青空市場。

マルシェに出かけると、旬のお野菜がわかります。一つ一つ手にとってみると、旬のものはぷっくりしていて、瑞々しい。手に取った瞬間“あれを作ろう！”と頭の中にメニューが浮かぶのです。それくらい美味しそう、すぐ食べたくなるくらい艶々しているのです。

そんなお買い物をしたものを入れるのに活躍するのが『マルシェバッグ』。日本ではファッション誌にも登場する“お洒落バッグ”ですけれど、モロッコでは“お買い物バッグ”なのです。友人と出かけるときに持って行ったら「やだぁ、恥ずかしい」と言われてしまうし、料理学校に行く時に持って行ったら「あれぇ、マルシェ行くの？」と笑われたものです。

2

ふっくらホロホロ　クスクス料理

モロッコでは毎週金曜日はクスクスの日。蒸したクスクスに
お野菜やお肉をのせて、スープをたっぷりかけていただきます。

モロッコのクスクス料理

～週に一度はクスクスを～

モロッコ料理に、クスクスは欠かせない食材です。お祝いやおもてなしの席には必ず登場しますし、モロッコでは毎週金曜日は「クスクスの日」。金曜日はどこの家庭でも朝から昼食にそなえて、家族分のクスクスを仕込みます。季節の野菜を使ったり、お好みの肉や魚介を使ったりとクスクス料理の幅は広く、地域によってもさまざまです。甘いものが大好きなモロッコ人ですから、もちろん甘い味付けのクスクスもあります。

昔は、どの家庭でもクスクス自体を手作りしていましたが、今はどこでも手に入るので、手作りする家庭は少なくなってしまいました。基本的には、デュラムセモリナ粉で作りますが、地域によっては、とうもろこしの粉や大麦の粉を使うところもあります。

モロッコの家庭には、必ず蒸し器があります。上段でクスクスを蒸し、下段でクスクスにのせるお野菜やお肉をたっぷりのスープと一緒に煮込みます。そのため日本の蒸し器にくらべると、下段はとても深さがあります。食材の旨みがたっぷりと含まれた蒸気で蒸されたクスクスは、ふっくらするだけでなく素材の風味が移るよう。本格的に作りたい方には、下段に深さがある蒸し器をおすすめします。ゆっくり時間をかけて蒸したクスクスのおいしさに驚かれるはずです。市販のクスクスを買うと、そのパッケージに、お湯に浸けて蒸らしたり、フライパンで軽く煮たりするなど、簡単な作り方が書いてあることがあります。パパっと出来てしまう手軽さもよいのですが、やはり手間をかけてゆっくり蒸したクスクスは格別です。少し手間をかけるだけで、粒がふっくらとしてとてもおいしくなるのです。

クスクス in モロッコ

a. クスクスを作る女性たち
b. かぶのクスクス
（→40ページ参照）
c. 昔のクスクスを蒸す鍋
d. クスクスを作るときに使う道具

クスクスの蒸し方

一粒一粒はふっくらとしていて、粒同士はくっつかずにポロポロとするように蒸し上げます。

蒸し器について

◎ モロッコの蒸し器は、上段を「クスケス」と呼び、ここでクスクスを蒸します。下段を「ブルマ」と呼び、クスクスにかけるスープや具材を調理します。スープを煮込んだ蒸気でクスクスを蒸す仕組みです。本書では、クスクスはクスクスだけで蒸し、スープと具材は別の鍋で調理するレシピになっています。

◎ 日本製の蒸し器など、下段が浅めのものを使う場合は、途中で下段のお湯が足りなくなる可能性があります。様子を見て、下段に熱湯を加えるなどしてください。

クスクスについて

◎ ここでは、中粒を使っています。大粒、小粒のものもありますので、お好みのものをお使いください。

◎ 使うクスクスによって、クスクスが吸う水分量が大きく違います。様子を見ながら、水分量や蒸し時間を加減してください。

材料（4人分）

クスクス（中粒）…2カップ
水…80～100cc（×3回）
塩…小さじ1
オリーブオイル…大さじ1

作り方

1. ボウルにクスクスを入れ、分量の水を少しずつ加えて手でよく混ぜながら、吸水させる。そのまま2～3分置く。

2. 蒸し器の上段に、1のクスクスを手で粒をほぐしながら入れる（下に受け皿を置いてクスクスを移し、受け皿にこぼれたものを最後にのせる）。

3. 蒸気のたった下段の上にのせて、10～15分蒸す。
◎ ふたはしない。

4. ボウルにあけ、水100ccを少しずつ加えながら混ぜ、クスクスをほぐしながら吸水させる。

5. 塩、オリーブオイルを加えて、手で粒がぼろぼろになるようにしながら（粒を一つずつ離してあげるような気持ちで）よく混ぜる。

6. 再び2～3の要領で10～15分蒸す。

7. ボウルにあけ、4の要領でほぐしながら吸水させる。味見をしながら塩を足し、塩加減を調節する。2～3の要領で、最後に10分～15分蒸す。

◎ クスクスの量を増やすときは、蒸し時間も長くしましょう。
◎ 水分量は、クスクスの様子を見ながら調節してください（あまりべちゃべちゃにならないように）。
◎ 冷蔵で1週間ほど保存できます。お召し上がりの際には、蒸して（もしくは電子レンジにかけて）温めてから盛りつけてください。

牛肉と7種類の野菜のクスクス

モロッコで最もベーシックなクスクスです。大きめに切ったお野菜がうれしい一皿。
モロッコでは金曜日のお昼に、家族全員で囲んで食べます。

材　料（4〜5人分）

牛肉（煮込み用かたまり肉）…400g
玉ねぎ…中1個
トマト…中1個
にんじん…1本
ズッキーニ…1本
かぶ…2個
かぼちゃ…⅛個
芽キャベツ…6個（キャベツ ⅛個）
ひよこ豆（水に一晩浸け、戻したもの）…50g
A　ターメリック…小さじ1
　　ジンジャーパウダー…小さじ1
　　ブラックペッパー…小さじ¼
塩…小さじ1〜2
コリアンダーとイタリアンパセリのブーケガルニ（7ページ参照）
バター…20g
オリーブオイル…大さじ2
水…1000〜1500cc
蒸したクスクス…650g（蒸し方は33ページ参照）

作　り　方

1.　玉ねぎは薄くスライス、トマトは1cm大の角切り、にんじん、ズッキーニ、かぶ、かぼちゃは少し大きめに切る。牛肉は食べやすい大きさに切る。

2.　鍋にオリーブオイルをひき、牛肉を入れて強火で肉の表面を焼く（a）。

3.　牛肉の色が変わったら中火にし、玉ねぎ、トマト、Aのスパイス類、塩を入れて、よくなじむように炒める（このとき少し焦げ付くようなら水を少し加える）（b）。

4.　玉ねぎがしんなりとして牛肉とよくからんだら、水とブーケガルニを加えて煮込み（c）、アクが出てきたらすくう。ひよこ豆を加えてふたをし、牛肉がやわらかくなるまで煮込む。

5.　牛肉がやわらかくなったら、火が通りにくい野菜から鍋に入れ、やわらかくなるまで煮込む（d）。塩、ブラックペッパー（分量外）で味を調え、バターを入れて火を止める。

6.　皿にクスクスを盛り、中心に牛肉をのせる。5のスープをさっとかけて、野菜を牛肉の周りに並べ、仕上げにスープを少しまわしかける。

食べながら好みでスープがかけられるように、小さな器にスープを別に入れて食卓へ並べます。

お好みの肉（羊・鶏等）に替えたり、じゃがいも・なす・ピーマン等、お好みや季節の野菜を入れてもおいしく仕上がります。

辛い味が好きな方は、青唐辛子を1本入れて煮込んだり、市販の「ハリッサ」という唐辛子ペーストと一緒に食べてもおいしいです。トマトベースに仕上げたい場合は、トマトペーストを大さじ1入れます。

牛骨（250gほど）をスープに入れて一緒に煮込むと、コクが出て深みのある仕上がりになります。牛骨が手に入らない場合は、固形ブイヨンを入れてみてください。

a

b
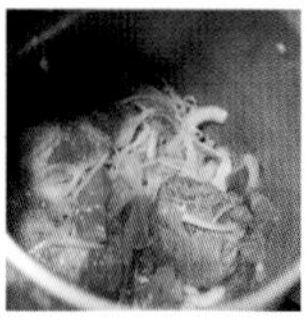

c

d

クスクスツファヤ
～鶏肉と炒め玉ねぎとレーズンのクスクス

キャラメル色に甘く炒めた玉ねぎとレーズン（ツファヤ）をのせて食べるクスクス。
鶏肉を煮込んだスープとの相性もぴったりです。

◉ ツファヤ

材　料　（4～5人分）
玉ねぎ…大1個（300g）
塩…小さじ½
白レーズン…50g
（水に30分ほど漬けてふやかしておく）
グラニュー糖…大さじ1
シナモンパウダー…小さじ½
バター…30g

作　り　方
1.　厚手の鍋にバターを入れて熱し、0.5cm幅にスライスした玉ねぎと塩を入れてさっと炒める（a）。
2.　ごく弱火にしてふたをし、玉ねぎから出てくる水分だけで煮詰める。玉ねぎによっては水分量が少なく、焦げ付いてしまうこともあるので、様子を見ながら少しだけ水を加える。
3.　玉ねぎがしんなりしたら、レーズンを入れて軽く炒める（b）。玉ねぎとレーズンが混ざったら、グラニュー糖、シナモンパウダーを加えて全体によくなじむように炒め、ふたをして、ときどき混ぜながらとろりとするまで弱火で煮詰める（c）。

a

b

c

◉ スープ

材　料　（4～5人分）
骨付き鶏肉…500g
玉ねぎ…中1個
A　ターメリック…小さじ1
　ジンジャーパウダー…小さじ1
　ブラックペッパー…小さじ¼
塩…小さじ1～2
シナモンスティック…1本
オリーブオイル…大さじ2
水…1000～1500cc
ツファヤ（左記参照）
蒸したクスクス…650g
（蒸し方は33ページ参照）

作　り　方
1.　鍋にオリーブオイルをひき、鶏肉を入れて強火で肉の表面を焼く。
2.　鶏肉の色が変わったら中火にし、スライスした玉ねぎ、Aのスパイス類、塩を入れて、よくなじむように炒める（このとき少し焦げ付くようなら水を少し加える）。
3.　玉ねぎがしんなりとして鶏肉とよくからんだら、水とシナモンスティックを加えて煮込む。アクが出てきたらすくってふたをし、鶏肉がやわらかくなるまで煮込む。
4.　塩、ブラックペッパー（分量外）で味を調える。
5.　皿にクスクスを盛り、中心に鶏肉をのせる。4のスープをさっとかけて、鶏肉の上にツファヤをのせ、仕上げにスープを少しまわしかける。

食べながら好みでスープがかけられるように、小さな器にスープを別に入れて食卓へ並べます。

お好みで、ゆでたまごや煎ったアーモンドを砕いたものをかけるのもおすすめです。また、蒸し上がったクスクスにバターを少量混ぜておくと、深みが出ます。

お好みの肉（牛、羊等）に替えても、肉を入れずにツファヤだけでも食べられるクスクスです。

たっぷり緑野菜のクスクス

牛乳で仕上げるミルク風味のクスクス。モロッコではよく緑の野菜を牛乳で煮込みます。
クスクスを蒸すときに水のかわりに牛乳で蒸すと、よりリッチな味わいに。

材 料 (4〜5人分)

牛肉(煮込み用かたまり肉)…400g
玉ねぎ…中1個
A　ターメリック…小さじ1
　ジンジャーパウダー…小さじ1
　ブラックペッパー…小さじ¼
塩…小さじ1〜2
空豆(さやから出した状態)…100g
グリーンピース(さやから出した状態)…100g
ズッキーニ…1本
芽キャベツ…5個
コリアンダーとイタリアンパセリのブーケガルニ
(7ページ参照)
牛乳…500cc
バター…30g
オリーブオイル…大さじ2
水…1000cc
蒸したクスクス…650g
(蒸し方は33ページ参照)

作 り 方

1. 玉ねぎは薄くスライスする。ズッキーニは食べやすい大きさに切る。牛肉は食べやすい大きさに切る。
2. 鍋にオリーブオイルをひき、牛肉を入れて強火で肉の表面を焼く。
3. 牛肉の色が変わったら中火にし、玉ねぎ、Aのスパイス類、塩を入れて、よくなじむように炒める(このとき少し焦げ付くようなら水を少し加える)。
4. 玉ねぎがしんなりとして牛肉とよくからんだら、水とブーケガルニを加えて煮込む。アクが出てきたらすくい、ふたをして、牛肉がやわらかくなるまで煮込む。
5. 牛肉がやわらかくなったら、火が通りにくい野菜から鍋に入れて、やわらかくなるまで煮込む。
6. 別の鍋で牛乳を温め、バターを加えて溶かす。
7. 5に6を加えて、塩、ブラックペッパー(分量外)で味を調える。
8. 皿にクスクスを盛り、中心に牛肉をのせる。7のスープをさっとかけて、野菜を牛肉の周りに並べ、仕上げにスープを少しまわしかける。

食べながら好みでスープがかけられるように、小さな器にスープを別に入れて食卓へ並べます。

牛骨(250gほど)をスープに入れて一緒に煮込むと、コクが出て深みのある仕上がりになります。牛骨が手に入らない場合は、固形ブイヨンを入れてみてください。

かぶのクスクス

牛肉ベースのスープに、かぶの風味がプラスされたやさしい味のクスクス。
かぶを食べるとじんわりとスープが口の中に広がります。
寒い地方でよく食べられる身体を温めるメニュー。

材　料　(4〜5人分)

牛肉(煮込み用かたまり肉)…400g
玉ねぎ…中1個
かぶ…3〜4個
かぶの葉…½束分
A　ターメリック…小さじ1
　ジンジャーパウダー…小さじ1
　ブラックペッパー…小さじ¼
塩…小さじ1〜2
コリアンダーとイタリアンパセリのブーケガルニ
(7ページ参照)
サフラン…ひとつまみ
(お好みでサフランを使うと香りも色もよくなる)
バター…30g
オリーブオイル…大さじ2
水…1000〜1500cc
蒸したクスクス…650g
(蒸し方は33ページ参照)

作　り　方

1. 玉ねぎは薄くスライスする。かぶは縦に¼に切り、葉は1cmほどの長さに切る。牛肉は食べやすい大きさに切る。

2. 鍋にオリーブオイルをひき、牛肉を入れて強火で肉の表面を焼く。

3. 牛肉の色が変わったら中火にし、玉ねぎ、Aのスパイス類、塩を入れて、よくなじむように炒める(このとき少し焦げ付くようなら水を少し加える)。

4. 玉ねぎがしんなりとして牛肉とよくからんだら、水とブーケガルニ(とお好みでサフラン)を加えて煮込む。アクが出てきたらすくい、ふたをして、牛肉がやわらかくなるまで煮込む。

5. 牛肉がやわらかくなったら、かぶとかぶの葉を入れて、やわらかくなるまで煮込む。塩、ブラックペッパー(分量外)で味を調え、バターを入れて火を止める。

6. 皿にクスクスを盛り、中心に牛肉をのせる。5のスープをさっとかけて、かぶを牛肉の周りに並べ、牛肉の上にかぶの葉をのせる。仕上げにスープを少しまわしかける。

食べながら好みでスープがかけられるように、小さな器にスープを別に入れて食卓へ並べます。

牛骨(250gほど)をスープに入れて一緒に煮込むと、コクが出て深みのある仕上がりになります。牛骨が手に入らない場合は、固形ブイヨンを入れてみてください。

市販のハリッサ(唐辛子ペースト)と一緒に食べてもおいしいです。

大麦のクスクス(ブルブーラ)で作ると、いっそうおいしく仕上がります。

魚介のクスクス

ブイヨンから手作りをして、シーフードを一緒に煮込みました。
シンプルな味付けが魚介の旨みを引き出してくれます。
たっぷりスープをかけて食べたいクスクスです。

材　料（4～5人分）

白身魚…2尾
いか…½杯
えび…6尾
○ 有頭えびを準備し、頭はブイヨン作り（右ページ参照）に使う
玉ねぎ…中1個
にんじん…1本
かぶ…2個
ブイヨン（右ページ参照）
サフラン…ひとつまみ
塩…小さじ1
ブラックペッパー…ひとつまみ
オリーブオイル…大さじ1
イタリアンパセリ…適宜
蒸したクスクス…650g
（蒸し方は33ページ参照）

作 り 方

1. いかは食べやすい大きさに切る。えびは殻をむく。玉ねぎは粗くみじん切りにする。にんじん、かぶは食べやすい大きさに切る。
2. 鍋にオリーブオイルをひいて熱し、玉ねぎを炒める。
3. 玉ねぎがしんなりしたら、ブイヨン（右ページ参照）とサフランを加える。沸騰したらにんじん、かぶを入れ、少したったら白身魚、いか、えびを加えて、野菜がやわらかくなるまで煮込む。
4. 塩、ブラックペッパーを加え、味を調える。
5. 皿にクスクスを盛り、中心に魚をのせる。4のスープをさっとかけて、えびといか、野菜を魚の周りに並べ、仕上げにスープを少しまわしかける。お好みでイタリアンパセリをのせる。

食べながら好みでスープがかけられるように、小さな器にスープを別に入れて食卓へ並べます。

ミニトマトを一緒に煮込むと、彩りもよくなり、さっぱりした味わいがプラスされます。

サフランはお好みですが、入れると色と香りがよくなります。

ブイヨンの作り方

材 料

魚の頭…1尾分
えびの頭…6尾分
玉ねぎ…中1個
トマト…中1個
ピーマン…1個
コリアンダーとイタリアンパセリのブーケガルニ（7ページ参照）
ローリエ…2枚
にんにく…2片
水…1500cc
オリーブオイル…大さじ2

作 り 方

1. トマトはヘタをくりぬき、ピーマンはヘタと種を取る。玉ねぎ、トマト、ピーマンをそれぞれ縦¼に切る。にんにくは包丁の背などでつぶす。
2. 鍋にオリーブオイルをひき、玉ねぎ、トマト、ピーマンを強火でしんなりするまで炒める。
3. 水を加え、魚の頭、えびの頭、ブーケガルニ、ローリエ、にんにくを加えて強火にかける。沸騰したら中火にし、ときどきアクをすくいながら45分くらい煮込む。
4. ザルでこす。

クスクスとアムロー
〜アーモンドとアルガンオイルのペースト

普段は食事のメイン料理になるクスクスにも、
おやつ感覚で食べられるものがあります。アムローと呼ばれるアーモンドと
アルガンオイルのペーストをかけていただきます。

材　料（2〜3人分）

アーモンド…100g
アルガンオイル…30g
はちみつ…30g
蒸したクスクス…300g
（蒸し方は33ページ参照）
アーモンド（皮をむいて揚げたもの）…適宜

作 り 方

1.　アーモンドをフライパンで煎る（または、天板に広げて200℃のオーブンで香ばしくローストする）。
2.　1のアーモンドの粗熱が取れたら、フードプロセッサーにかける。（アーモンドの油が出てきて、どろどろのペースト状になるまでしっかりとかける）。
3.　ボウルに2を入れ、アルガンオイルとはちみつを加えてよく混ぜる。
4.　皿にクスクスを盛り、お好みでアーモンドを飾る。小さな器に入れた3を中央にのせ、クスクスにかけながら食べる。

クスクスを蒸すときに、オリーブオイルのかわりにアルガンオイルを使うと、より香ばしくなります。

クスクスが蒸し上がったら、熱いうちに粉砂糖を混ぜ込み、甘いクスクスにしてもおいしいです。

スッファ
～シナモン風味の甘いクスクス

シナモンと粉砂糖、くだいたアーモンドを模様を描くようにトッピング。
昼食で残ったクスクスは、こうして夕食に食べることもあります。

材　料　（2～3人分）

シナモンパウダー…適量
粉砂糖…適量
アーモンド（皮をむいて揚げ、くだいたもの）…適量
蒸したクスクス…300g
（蒸し方は33ページ参照）

作　り　方

1. 器にクスクスを盛り、シナモンパウダーと粉砂糖、アーモンドをトッピングする。

クスクスを蒸すときに、水のかわりに牛乳で蒸したり、蒸し上がったら熱いうちにバターとからめておくと、よりリッチな一皿になります。

✦COLUMN✦

好きな場所 in モロッコ ✦ 2

ハンマム

モロッコで好きだった場所の一つ『ハンマム』。モロッコの公衆浴場です。友人に「やることないねぇ」と言うと「ハンマムに行こう」と出かけたものです。バケツにタオルとシャンプー、石鹸、サボンベルディ、垢すり手袋、ガスール、ヘンナといったモロッコの美容グッズを入れて出発。

公衆浴場と言ってもハンマムに湯船はなく、サウナのようなところ。床にぺったり座っておしゃべりしながら垢すりをしたり、髪をヘンナで染めたり、ガスールでパックをしたりするのです。そんなことをしているとあっという間に２～３時間。これはモロッコ人がよく通う普通のハンマム。

仕事ですごく疲れたときには奮発して少し高級なハンマムにも出かけました。ここはエステティックサロンのような空間で、アロマオイルのマッサージなんかもあります。お願いすれば、大理石のベッドの上で頭の先からつま先までじっくり丁寧に垢すりもしてくれるのです。設備も綺麗で整っていて身体の芯からリラックスできて、身も心も清まる場所でした。

3

食卓を彩る　モロッコ料理

家庭の台所から生まれるスパイスとハーブを使ったたくさんの料理。
食卓にはホブス（パン）とともに並べます。

モロッコの日々の食事

〜時間をかけて作り、たっぷり食べる〜

タジンとクスクス以外にも、揚げものや蒸しもの、焼きものや粉ものなど、モロッコにはおいしいお料理がたくさんあります。モロッコでは食材にしっかり火を通したやわらかい仕上がりが好まれ、スプーンやフォークを使わずにホブス(パン)でつぶしながら食べる習慣があります。そのため、仕上がりがペースト状のものも多く、食材も小さく切る傾向にあります。

モロッコ人は、ゆっくりと時間をかけて、そして手間をおしまず料理を作ります。まだまだ、スローフードの食文化なのです。また、モロッコは大家族の家庭がほとんど。一度の食事に作る量もたっぷりなうえ一人が食べる量もたっぷり。おのずと食卓はいつもにぎやかになり、家庭の台所は朝から晩まで大忙しです。

モロッコはほとんどがイスラム教徒なので、豚肉は食べません。羊、牛、鶏、山羊、地方によってはうさぎやらくだのお肉もよく食べます。お肉とお野菜がメインのようなモロッコ料理ですが、北は地中海、西は大西洋に面しているので、海に面した街では、新鮮な魚介類を使った一皿もよく食卓にのぼります。日本なら、一緒にご飯を食べたいところですが、モロッコの主食はパン。お魚料理ももちろんパンと食べます。お魚の中にごはんを詰めてオーブンで焼いたものにも、必ずパンが一緒に出てきます。パンのない食卓は“何か足りない食卓”と言われるほどモロッコの人はパンが大好きなのです。

日々の食事 in モロッコ

a. 鶏肉の串焼き
(→64ページ参照)
b. パン釜のおじさん。各家庭のホブスを焼いてくれる
c. モロッコのパン「ホブス」
d. 家で作ったホブスの生地をパン釜屋さんに焼いてもらい、家に運ぶ子ども
e. 「ムスンメン」(→66ページ参照)の具入りのもの

ホブスの作り方

生地がしっかりとした食べごたえのある丸く平たいパン。半分に切って真ん中に具を詰めたり、ちぎってタジンのソースなどをつけていただきます。

材料（直径10cm大のもの9枚分）

A
- 薄力粉（ふるったもの）…400g
- 塩…小さじ½
- グラニュー糖…小さじ½
- インスタントドライイースト…5g
- オリーブオイル…小さじ2

ぬるま湯…280cc
（粉の具合を見ながら調節）

◎家庭や地域によって、使う粉はさまざま。小麦粉をベースにデュラムセモリナ粉や全粒粉を混ぜたりして、お好みの粉を使って作ります。

作り方

◎4と6で生地をねかせる時間は気温によって変わるので、様子を見ながら調整してください。

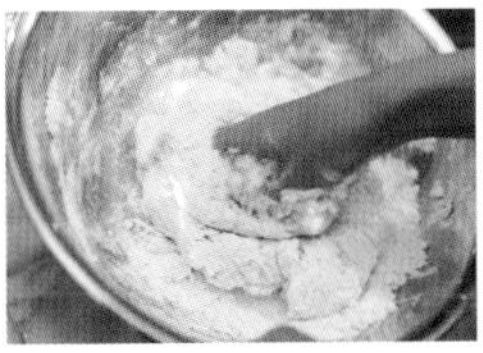

1. Aの材料をボウルに入れ、ぬるま湯を少しずつ加えながら、生地をまとめていく。

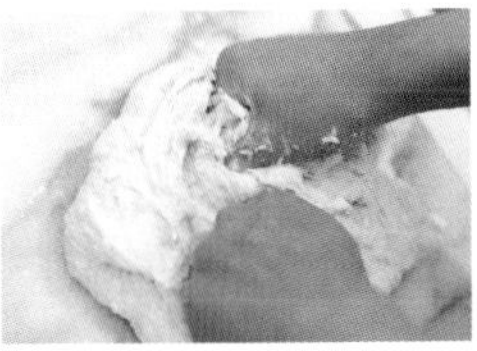

2. ある程度まとまったら、生地をボウルから出し、上からパンチするように体重をかけ、水分を吸わせながら生地に弾力をつけていく（生地を折り返しながら）。

3. 生地がまとまったら、体重をかけて生地をのばすようにして練る。ある程度練ると、生地が自然とまとまってくる。生地がスムーズにのびるまで練る。

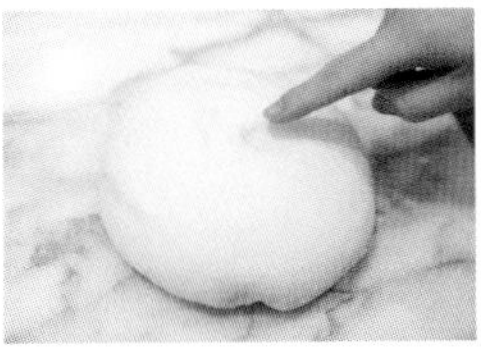

4. 生地をボウルに戻し30分ほどねかせる。生地を指で押すと、ゆっくりと元に戻るような弾力が出る。

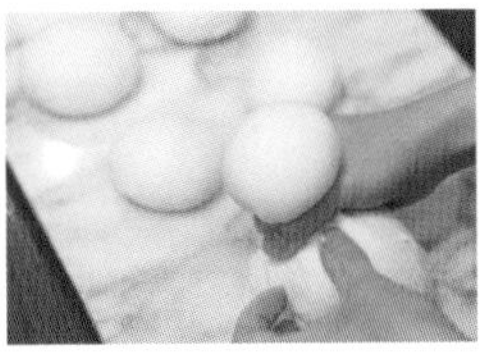

5. 5cm大のボール状に生地をちぎっていく。手の上で転がし、生地の下をきれいに整える。

6. 5の生地を10cm大の円盤状に手のひらでのばしていく。30分ほどねかせる。

7. 6の表裏をひっくり返して天板に並べ、フォークで数カ所穴をあけ、220℃に予熱しておいたオーブンで10分ほど焼く。

タジン鍋で作る料理

タジン鍋で作るオムレツ

玉ねぎとトマトがたっぷり入ったモロッコのオムレツ。
タジン鍋ならではのオムレツが楽しめます。

材　料（直径18cmのタジン鍋1個分）

卵…2個
玉ねぎ…中½個
トマト…小½個
にんにく(すりおろし)…1片分
トマトペースト…小さじ1
A　クミン…小さじ¼
　　パプリカ…小さじ¼
塩…小さじ½
イタリアンパセリ(みじん切り)…適量
オリーブオイル…大さじ1

作り方

1. 玉ねぎは粗めのみじん切りにする。トマトは角切りにする。
2. タジン鍋にオリーブオイルをひき、にんにく、玉ねぎ、トマト、トマトペースト、Aのスパイス類、塩を入れ、ふたをして弱火にかける。
3. 玉ねぎから水分が出て、グツグツしてきたら、炒めるように混ぜる。よく混ぜたら再びふたをして、玉ねぎがしんなりするまで煮込む。
4. 3がトマトソースのようになったら、卵を溶いて流し入れ、スプーンで軽く混ぜてソースとからめる。ふたをして、卵が半熟状になるまで火を通す。
5. 仕上げにイタリアンパセリをふる。

余熱で火が通るので、卵が半熟の状態で火からおろします。

タジン鍋で作る目玉焼き

タジン鍋で作ると白身がぷっくりとした目玉焼きができます。
オリーブオイルの中で卵を煮るような感覚で、いつもよりオイルをたっぷり使い、仕上げに
クミンをかけるのがモロッコ流。パンにべっとりとつけて、いただきます。

材　料（直径18cmのタジン鍋1個分）

卵…2個
塩…ひとつまみ
クミン…ひとつまみ
オリーブオイル…大さじ2

作　り　方

1. タジン鍋にオリーブオイルをひいて弱火にかける。
2. 鍋が温まったら卵を割り入れ、塩をふり、ふたをする。
3. 卵がお好みのかたさになったら、火からおろし、仕上げにクミンをかける。

えびとズッキーニのピリ辛タジン

素材から出る水分で煮込むように火を通していきます。
やさしいスパイスづかいが多いモロッコ料理ですが、
唐辛子パウダーをきかせて、ピリ辛の味付けになっています。

材　料（直径18cmのタジン鍋1個分）

えび…10尾
ズッキーニ…½本
A　クミン…小さじ¼
　唐辛子パウダー…小さじ½
　ブラックペッパー…ひとつまみ
　オリーブオイル…大さじ1
塩…ひとつまみ
にんにく（すりおろし）…1片分
コリアンダー（みじん切り）…適量
オリーブオイル…大さじ1

作り方

1. ズッキーニは短冊切りにする。
2. ボウルにえびを入れ、少々の塩（分量外）でもみ、しばらくおく。Aを入れてよく混ぜ合わせる。
3. タジン鍋にオリーブオイルをひき、にんにく、2を入れてふたをし、弱火にかける。
4. ぐつぐつしてきたら炒めるように混ぜ、ズッキーニを加えて塩をふり、ふたをする。
5. ときどき煮汁をかけながら、ズッキーニがしんなりするまで火にかける。
6. 仕上げにコリアンダーをふり、お好みで唐辛子を飾る。

焦げ付くようなら、水を大さじ1程度加えます。

蒸し料理

鶏肉とお米の蒸しもの

モロッコの大きな街では、ローストした鶏肉と
蒸したこのごはんを一緒に出す食堂をよく見かけます。

材 料（4〜5人分）

骨付き鶏肉…400g
米（細めのもの）…1合
にんじん…½本
A　コリアンダー（みじん切り）…大さじ2
　　イタリアンパセリ（みじん切り）…大さじ2
B　ターメリック…小さじ½
　　パプリカ…小さじ½
　　ジンジャーパウダー…小さじ½
　　ブラックペッパー…小さじ¼
C　にんにく（すりおろし）…3片分
　　塩…小さじ1
　　オリーブオイル…大さじ3〜4
　　水…50cc
イタリアンパセリ…適宜

作 り 方

1. 米をたっぷりの湯でかためにゆでる。ザルにあげて水でよく洗う。
2. ボウルに、Aのハーブ類、Bのスパイス類、Cの材料を入れてよく混ぜ、マリネ液を作る。鶏肉と0.5cm幅にスライスしたにんじんを入れて、よく漬けて取り出す。
3. 2のマリネ液に1の米を入れて、よく混ぜる。
4. 蒸気の立った蒸し器に2の鶏肉を入れ、しばらく蒸す。
5. 鶏肉の色が変わったら、にんじんと3の米を鶏肉の上にのせ、米がふっくらするまで蒸す。お好みでイタリアンパセリをのせる。

にんじんのほか、じゃがいもを一緒に蒸してもおいしいです。

手羽先と春雨の蒸しもの

春雨は、蒸したり春巻きの具にしたりとモロッコでは人気の素材。
手羽先とレバー、砂肝と一緒に蒸すレモンの皮とオリーブのみじん切りがアクセント。

材 料 （4〜5人分）

緑豆春雨…100g
鶏の手羽先…4本
鶏レバー（1cm角切り）…100g
鶏の砂肝（1cm角切り）…100g

A
- コリアンダー（みじん切り）…大さじ2
- イタリアンパセリ（みじん切り）…大さじ2

B
- クミン…小さじ1
- パプリカ…小さじ1
- ブラックペッパー…小さじ¼

C
- にんにく（すりおろし）…3片分
- 塩…小さじ1
- オリーブオイル…大さじ3〜4
- 水…50cc

レモンコンフィの皮（みじん切り）…½個分
（22ページ参照）
グリーンオリーブ（みじん切り）…10粒分
イタリアンパセリ…適宜

作 り 方

1. 春雨を熱湯で戻し、水で洗ってから水分をよく切り、ざく切りにする。
2. ボウルに、Aのハーブ類、Bのスパイス類、Cの材料を入れてよく混ぜ、マリネ液を作る。手羽先を入れて、よく漬けて取り出す。レバーと砂肝も同様に漬けて、取り出す。
3. 2のマリネ液に、レモンコンフィの皮、オリーブを加え、1の春雨を入れて、よく混ぜる。
4. 蒸気の立った蒸し器に2の手羽先を入れ、しばらく蒸す。
5. 手羽先の色が変わったら、2のレバーと砂肝、3の春雨を鶏肉の上にのせ、春雨がふっくらするまで蒸す。お好みでイタリアンパセリをのせる。

揚げもの料理

ブリワット＆シガー～モロッコの春巻き

三角形に包んだブリワットと、円柱形に包んだシガー。2種類の春巻きがモロッコでは定番メニュー。
家庭によって、ひき肉や魚介、お野菜やごはん、チーズなど、好きな具を包みます。

◉ ブリワット

材　料　（10個分）
春巻きの皮（20×20cm）…5枚
牛ひき肉…200g
にんにく（すりおろし）…1片分
玉ねぎ…中½個
A　クミン…ひとつまみ
　ジンジャーパウダー…小さじ¼
　ブラックペッパー…ひとつまみ
塩…小さじ½
B　コリアンダー（みじん切り）…大さじ2
　イタリアンパセリ（みじん切り）…大さじ2
卵…1個
オリーブオイル…適量
揚げ油…適量
水溶き小麦粉（のり用）…適量
◎ 薄力粉を水でかために溶き、春巻きの皮を留めるのりを作っておく。

作　り　方
1. フライパンにオリーブオイルとにんにくを入れて弱火にかける。香りが出たら強火にしてひき肉を入れ、ぽろぽろになるまで炒める。
2. ひき肉の色が変わったら、みじん切りにした玉ねぎとAのスパイス類、塩を入れてよく炒める。
3. 仕上げにBのハーブ類と溶き卵を加えてさっと炒める。
4. 春巻きの皮を縦¼に切り、水溶き小麦粉で、2枚を縦につなげる（a）。皮の端に具を置いて三角形に包んでいき（b、c）、最後にのりで留める（d）。
5. 高温の油で、きつね色に揚げる。

◉ シガー

材　料　（10本分）
春巻きの皮（20×20cm）…5枚
にんじん…½本
ズッキーニ…1本
エダムチーズ（お好みのチーズでOK）…30g
鶏胸肉…100g
A　パプリカ…小さじ¼
　ブラックペッパー…ひとつまみ
塩…小さじ½
オリーブオイル…適量
揚げ油…適量
水溶き小麦粉（のり用）…適量
◎ 薄力粉を水でかために溶き、春巻きの皮を留めるのりを作っておく。

作　り　方
1. にんじん、ズッキーニ、エダムチーズ、鶏肉は3cmほどの長さの細切りにする。
2. フライパンにオリーブオイルを熱し、鶏肉を入れて強火で炒める。
3. 鶏肉の色が変わったら、にんじん、ズッキーニ、Aのスパイス類、塩を入れてさっと炒める。
4. 春巻きの皮を縦½に切る。
5. 皮の端に具とチーズを置き（e）、皮の両側を中に少し折り、くるくる巻いていき（f）、最後を水溶き小麦粉で留める。
6. 高温の油で、きつね色に揚げる。

a

b

c
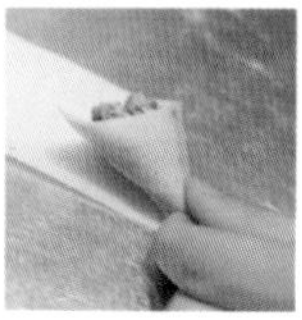
d

e

f
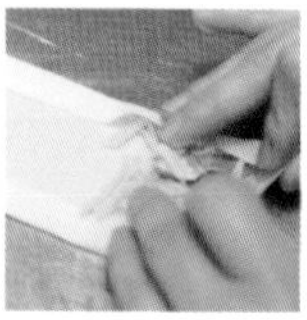

鶏肉のパスティラ

鶏肉で作ったフィリングを、春巻きの皮を7枚使って、
パイのように包んで揚げます。モロッコでは大きな円盤状のものを作りますが、
ここでは食べ切りサイズのものを。お祝いの席には欠かせない一品です。

材　料（直径15cmのもの2個分）

春巻きの皮（20×20cm）…7枚×2個分
骨付き鶏肉…400g
玉ねぎ…大1個
A　ターメリック…小さじ½
　ジンジャーパウダー…小さじ½
　ブラックペッパー…ひとつまみ
塩…小さじ1
シナモンスティック…1本
イタリアンパセリ（みじん切り）…½カップ
はちみつ…小さじ1〜2
卵…1〜2個
バター…10g
オリーブオイル…大さじ1
卵（のり用）…½個
アーモンド（皮をむいて揚げ、くだいたもの）…25g
粉砂糖…適量
溶かしバター…適量
シナモンパウダー…適宜
揚げ油…適量

作り方

◉ フィリングを作る

1. 厚手の鍋にオリーブオイル、バターを入れ、鶏肉を入れて強火で肉の表面を焼く。鶏肉の色が変わったら中火にし、粗くみじん切りにした玉ねぎ、Aのスパイス類、塩を入れてよくなじむように炒める。
2. 玉ねぎがしんなりしたら、イタリアンパセリの半量を加えて混ぜる。鶏肉がかぶるくらいの水とシナモンスティックを入れてふたをし、鶏肉がやわらかくなるまでゆっくり煮込む。
3. 鶏肉が煮えたら取り出し、冷ます。身を骨から取り、小指程度の大きさに手でほぐす。
4. 2の鍋に、残りのイタリアンパセリを加え、弱火で水分がなくなるまで煮詰める。
5. 玉ねぎがとろとろになり、水分がなくなったら、はちみつを加えて混ぜる。溶き卵を入れ、玉ねぎをとじるようにまとめ、ふっくらしたところで火を止め、冷ます。

◉ フィリングを包む

6. 春巻きの皮を正方形ぎりぎりのところで丸く切る。
7. 春巻きの皮を、溶き卵で5枚つなげる（a）。
8. 直径15cm程度の皿を用意し、7の皮の中心を皿の中心になるように置き、その中心にもう1枚丸型に切り抜いた皮（皿と同じ大きさに切ったもの）を置く（b）。
9. アーモンド、粉砂糖をふり、3の鶏肉を並べる（c）。5の玉ねぎを全体に広げるように均一に置く（d）。溶かしバター、アーモンド、粉砂糖を全体にふりかける。
10. 最後に皮（皿と同じ大きさに切ったもの）をのせてふたをし、まわりの皮で円形になるように、重なる部分は溶き卵で留めながら包んでいく（e、f）。
11. 中温の油で片面ずつきつね色に揚げる（180℃のオーブンで焼いても可）。粗熱が取れたら、仕上げに粉砂糖をふり、お好みでシナモンパウダーをかける。

a

b

c
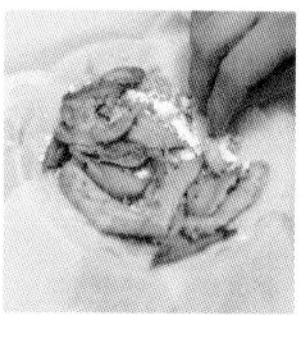
d

e
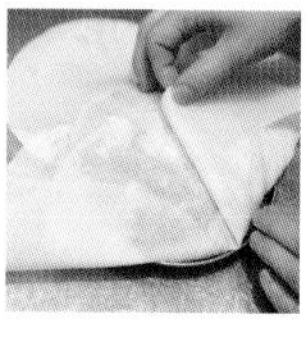
f
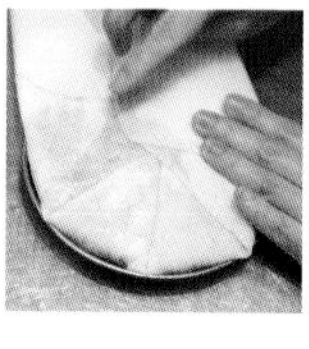

魚のパスティラ

魚介類を使ったフィリングを春巻きの皮で包んで揚げたパスティラ。
春雨も使い、ハーブとスパイス、レモンの風味を効かせました。

材　料（直径15cmのもの2個分）

春巻きの皮（20×20cm）
…7枚×2個分
春雨…50g
白身魚（切り身）…1切れ
えび…6尾
いか…80g
マッシュルーム
（スライス）…4個分
にんにく（すりおろし）…1片分

A
クミン…小さじ½
パプリカ…小さじ½
唐辛子パウダー
…小さじ¼
ブラックペッパー
…ひとつまみ

塩…小さじ½
レモンコンフィの皮
（みじん切り）…¼個分
（22ページ参照）
オリーブ（みじん切り）
…5粒分

B
コリアンダー、
イタリアンパセリ
（ともにみじん切り）
…各大さじ1

C
クミン、パプリカ
…各小さじ¼
唐辛子パウダー、
ブラックペッパー
…各ひとつまみ
塩…小さじ¼
にんにく（すりおろし）
…1片分
水…大さじ1
オリーブオイル
…大さじ1

オリーブオイル…大さじ1
卵（のり用）…½個
揚げ油…適量

作り方

◉ フィリングを作る

1. 春雨を熱湯で戻し、水で洗ってから水分をよく切り、ざく切りにする。
2. フライパンにオリーブオイルとにんにくを入れて弱火にかける。香りが出たら強火にして、1cm角に切ったえびといかを入れて軽く炒める。マッシュルームを加え、Aのスパイス類、塩を入れて、全体になじませるように炒める。
3. 全体に火が通ったら、1とレモンコンフィの皮、オリーブ、Bのハーブ類を加えて混ぜ、火を止める。
4. Cの材料を混ぜて作ったマリネ液に、白身魚を漬け、蒸す（ラップをして電子レンジで加熱しても可）。
5. 4が冷めたら、親指の半分くらいの大きさにほぐす。

◉ フィリングを包む

58ページ「フィリングを包む」を参照し、フィリングを春巻きの皮で包む。5の魚、3の具を全体に広げるように均一に置いて包み、中温の油で揚げる。お好みで、レモンスライス、イタリアンパセリ、クミンをのせる。

カリフラワーのフリット

スパイス入りの卵の衣をつけて揚げます。
にんにくとクミンの風味がモロッコらしい。

材 料（2〜3人分）

カリフラワー…½株
卵…2個
にんにく（すりおろし）…2片分
A コリアンダー（みじん切り）…大さじ1
　イタリアンパセリ（みじん切り）…大さじ1
B クミン…小さじ½
　パプリカ…小さじ¼
塩…小さじ½
薄力粉…適量
揚げ油…適量

作 り 方

1. カリフラワーを小さな房に分ける。
2. ボウルに卵を溶きほぐし、にんにく、Aのハーブ類、Bのスパイス類、塩を入れてよく混ぜる。
3. 1を2の卵液にひたし、薄力粉を全体にまんべんなくつけて、高温の油で揚げる。

☞ しっかり火を通すと、白身魚のような食感になります。

いわしのフライ

日本でもなじみのあるいわしのフライはスパイシーに。
ハーブとスパイスをきかせて作ります。

材 料（2〜3人分）

いわし…6尾
A コリアンダー、イタリアンパセリ（ともにみじん切り）…各大さじ3
　クミン、パプリカ…各小さじ1
　唐辛子パウダー…小さじ¼
　ブラックペッパー…ひとつまみ
　にんにく（すりおろし）…2片分
　レモンの搾り汁…½個分
　オリーブオイル…大さじ1
　塩…小さじ½
薄力粉…適量
揚げ油…適量
レモン、イタリアンパセリ…適宜

作 り 方

1. いわしは頭を落とし、手開きして骨を取る。
2. ボウルにAの材料を入れてよく混ぜ、マリネ液を作る。（水分が足りなければ、水を大さじ1〜2程度加える）。1のいわしを入れ、両面にマリネ液をぬりつける。
3. 身の方にマリネ液をよくつけ、2枚のいわしでハーブをはさむようにしてくっつけ、薄力粉を全体につけて、高温の油で揚げる。
4. お好みで、レモン、イタリアンパセリを添える。

マッコーダのサンドバケット

ハーブとスパイス風味のモロッコのコロッケ、マッコーダ。そのままはもちろん、
バケットにはさんで、サンドイッチの具としてもよく食べられます。

材　料 （2〜3人分）
じゃがいも…大2個
A　クミン…小さじ¼
　唐辛子パウダー…小さじ¼
　ブラックペッパー…小さじ¼
　にんにく（すりおろし）…2片分
　イタリアンパセリ（みじん切り）…大さじ4
　塩…小さじ½〜1
　溶き卵…½個分
B　薄力粉…大さじ2〜3
　溶き卵…½個分
　水…大さじ1
揚げ油…適量
バケット…2〜3個
紫玉ねぎ…適量
トマト…適量
イタリアンパセリ…適宜

作り方

1. じゃがいもを皮付きのままやわらかくなるまでゆでる。ゆで上がったら皮をむく。
2. ボウルに1のじゃがいもを入れてつぶす。
3. 熱いうちに2にAを入れてよく混ぜる。
4. 3を5cm大の円盤状にする。
5. ボウルにBの材料をすべて入れてさっくりと混ぜて衣を作る。4に衣をつけて、高温の油で揚げる。
6. バケットに切れ目を入れ、半分に切った5、みじん切りにした紫玉ねぎ、角切りにしたトマトとともにはさむ。イタリアンパセリをふり、お好みで添える。

☞ ハリッサと呼ばれる唐辛子ペーストを一緒にはさんで辛くしたり、オリーブの輪切りをはさんで食べたりもします。

煮込み料理

レンズ豆の煮込み

レモンの搾り汁やお酢をかけて食べると、すっきりした味わいに。
サラダ感覚で登場したり、メインの一皿にもなります。

材 料 (2〜3人分)

レンズ豆…1カップ
にんにく
(すりおろし)…1片分
玉ねぎ…小1個
トマト…中1個
A　クミン…小さじ½
　パプリカ…小さじ½
　ブラックペッパー
　…ひとつまみ
塩…小さじ1〜2
B　コリアンダー、
　イタリアンパセリ
　(みじん切り)
　…各大さじ1
コリアンダー
(みじん切り)…少々
オリーブオイル…大さじ1
レモン…適宜

作 り 方

1. 厚手の鍋にオリーブオイルとにんにくを入れて弱火にかけ、香りを出す。
2. 1にみじん切りにした玉ねぎ、角切りしたトマト、Aのスパイス類、塩を加えてよく炒める。
3. 玉ねぎがしんなりしたら、豆と豆がかぶるくらいの水を入れて煮る。途中で水が足りなくなれば、足す。
4. 豆がやわらかくなったらBのハーブ類を入れ、塩、ブラックペッパー(分量外)で味を調える。コリアンダーをふり、お好みでレモンを添える。

白いんげん豆の煮込み

タジンに飽きたねぇというときのメニュー。
パプリカの甘みと歯ごたえがアクセントになります。

材 料 (2〜3人分)

白いんげん豆
…1カップ
(一晩水に浸けておく)
にんにく
(すりおろし)…1片分
玉ねぎ…小1個
トマト…中1個
トマトペースト…小さじ½
A　クミン…小さじ½
　パプリカ…小さじ½
　ブラックペッパー
　…ひとつまみ
塩…小さじ1〜2
コリアンダーとイタリアンパセリのブーケガルニ
(7ページ参照)
赤パプリカ…¼個
オリーブオイル…大さじ1

作 り 方

◎「レンズ豆の煮込み」の作り方1〜4を参照
2で一緒にトマトペーストを加える。
3で白いんげん豆の水気を切って加え、一緒にブーケガルニを加える。
4でハーブ類のかわりに、0.5cm角に切ったパプリカを加える。

焼きもの料理

ケフタとブロシェット～ひき肉の網焼きと串焼き

モロッコではケフタとブロシェットは必ず炭火で焼きます。
そのまま食べても、ホブスにはさんでサンドイッチにしても。オリーブやトマト、
フライドポテトなどの付け合わせとともにいただきます。

◉ ケフタ（ひき肉の網焼き）

材　料　（10個分）
牛ひき肉…250g
にんにく（すりおろし）…2片分
コリアンダー（みじん切り）…大さじ1
イタリアンパセリ（みじん切り）…大さじ1
クミン…ひとつまみ
ジンジャーパウダー…小さじ¼
唐辛子パウダー…小さじ¼
ブラックペッパー…ひとつまみ
塩…小さじ¼

作り方
1. ボウルに材料をすべて入れて混ぜ、よく練る。
2. 1を4cm大の小判状にして、中心を少しへこませる。
3. 熱しておいた網で、強火で両面焼く。

粗挽きのひき肉で作ると、よりおいしく仕上がります。

◉ 牛肉のブロシェット（串焼き）

材　料　（4本分）
牛肉（ヒレ肉などのかたまり肉）…250g
紫玉ねぎ（みじん切り）…小1個分
コリアンダー（みじん切り）…大さじ1
イタリアンパセリ（みじん切り）…大さじ1
クミン…小さじ¼
パプリカ…小さじ¼
ブラックペッパー…小さじ¼
塩…小さじ½
オリーブオイル…大さじ1～2

作り方
1. 牛肉を2cm大に切る。
2. ボウルにすべての材料を入れ、1の肉によくもみ込み、しばらくおく。
3. ステンレスの串に肉を4切れずつ刺し、熱しておいた網で強火でまんべんなく焼く。

◉ 鶏胸肉のブロシェット（串焼き）

材　料　（4本分）
鶏胸肉…250g
紫玉ねぎ（みじん切り）…小1個分
にんにく（すりおろし）…1片分
パプリカ…小さじ¼
ブラックペッパー…小さじ¼
塩…小さじ½
オリーブオイル…大さじ1～2

作り方
1. 鶏胸肉を2cm大に切る。
2. ボウルにすべての材料を入れ、1の肉によくもみ込み、しばらくおく。
3. ステンレスの串に肉を4切れずつ刺し、熱しておいた網で強火でまんべんなく焼く。

粉もの料理

ムスンメン
〜モロッコのパイ

大きな正方形に焼くのがモロッコ流ですが、ここでは食べやすいサイズのうずまき状に。
朝食やおやつにしたりする、パリパリサクサクの食感が楽しめるパイです。

材 料（10cm大×12〜13枚分）
薄力粉…200g
デュラムセモリナ粉（パウダー状のもの）…200g
塩…小さじ½
バター（溶かしたもの）…30g
デュラムセモリナ粉…適量

◎ モロッコでよく使うデュラムセモリナ粉には大きく分けて3種類の粒の大きさがあります。ムスンメンで使っているのは、パウダー状のもの。ほかに、細かい粒状のもの（68、69ページで使用）と大きい粒状のもの（この本では未使用）があります。
◎ 全体の粉量のうち、セモリナ粉の割合を増やすと、サクサク感が増します。

作 り 方
1. ボウルに薄力粉とセモリナ粉を順にふるい入れ、塩を加える。
2. お湯（分量外）を少しずつ加えて練り、耳たぶくらいのやわらかさにする（49ページのホブスの作り方1〜5参照）。
3. そのまま30分程度置く。
4. 3の生地を5cm大のボール状にちぎる。
5. 台に溶かしバターを塗り、4の生地を指先で円形に広げていく。
6. 下が見えるくらい薄くのばしたら、溶かしバター、セモリナ粉少々をふりかけ（a）、上⅓を折りたたむ（b）。再び溶かしバターとセモリナ粉少々をふり、下⅓を折りたたむ。
7. 溶かしバターとセモリナ粉少々をふり、指で生地をのばしながら、端からくるくる巻いていく（c）。
8. 生地の最後を渦巻きの下になる方の中心に指で入れ込み、留める（d）。
9. 円柱状になった生地を立てて置き、上から手で押さえてつぶす（e、f）。
10. 9の生地を、指先で円盤状につぶしながらのばしていく。
11. 中火で温めておいたフッ素樹脂加工のフライパンで両面を返しながら焼く。

☞ そのまま食べてもおいしいですが、モロッコではバターやはちみつをつけて食べます。

a

b
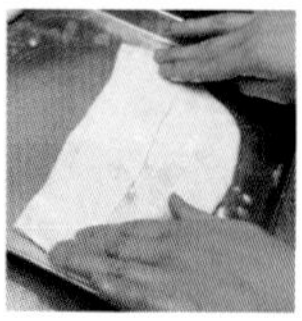

c
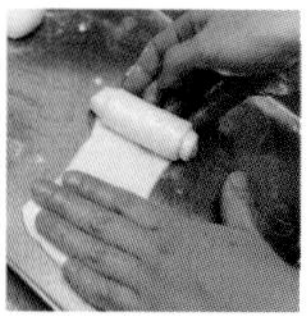

d
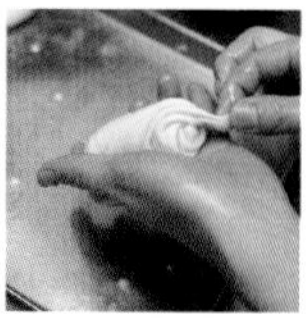

e
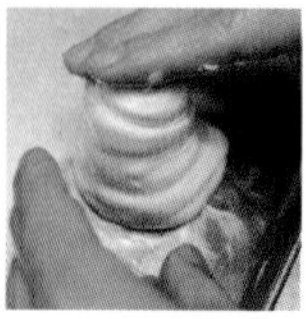

f
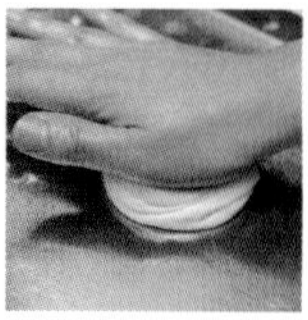

ハルシャ
～セモリナ粉のガレット

モロッコ人が大好きな一品。セモリナ粉の食感を楽しめます。
街では、店先の大きな鉄板でハルシャを作るお店を見かけます。

材　料（直径6cm大×5枚分）

デュラムセモリナ粉（細かい粒状のもの）…170g
ベーキングパウダー…小さじ1
塩…ひとつまみ
水…100cc
サラダオイル…大さじ2½

◎ モロッコでよく使うデュラムセモリナ粉には
大きく分けて3種類の粒の大きさがあります。
ハルシャとバグリール（69ページ）で使っているのは、
細かい粒状のもの。ほかに、パウダー状のものや
大きい粒状のものもあります（66ページ参照）。

作り方

1. ボウルにセモリナ粉とサラダオイルを入れてよく混ぜ、ベーキングパウダー、塩、水を加えてさらによく混ぜる。ラップをしてそのまま15～20分ほど置き、吸水させる。
2. 弱火で温めておいたフッ素樹脂加工のフライパンにセモリナ粉（分量外）を少し散らし、5cm大のボール状にまとめた生地を置く。つぶしながら円盤状に広げ（セルクルを使うと形が作りやすい）、表面にセモリナ粉（分量外）を散らす。弱火でじっくり両面を焼く。

☞ 中はふんわり、表面をカリッと焼き上げるのがポイント。

☞ 横に半分に割り、お好みでバター、はちみつ、ジャム、クリームチーズをつけて食べる。

バグリール
〜モロッコのパンケーキ

片面だけを焼いて表面はふかふかのまま、いただきます。
小さな穴がたくさんあいたら、上手に焼けた印です。

材 料 (6〜7枚分)

デュラムセモリナ粉(細かい粒状のもの)…125g
ベーキングパウダー…小さじ½
ドライイースト…小さじ½
塩…ひとつまみ
ぬるま湯…240cc
バター、はちみつ…適量

作 り 方

1. ジューサーにバターとはちみつ以外の材料を入れ、よく混ぜる(3〜5分ほど)。
2. 1をボウルに移し、ラップをして30分ほど置く。
3. 中火で温めておいたフッ素樹脂加工のフライパンにおたま一杯分を流し入れ、片面だけ焼く。
4. 鍋にバターを入れて溶かし、お好みの甘さになるようはちみつを加えて温める。3にかけて食べる。

生地をフライパンに流し入れてすぐに、ふつふつふつと表面に小さな穴があけば成功です。

✦COLUMN✦

好きな場所 in モロッコ ✦ 3

カフェ

　モロッコで好きだった場所の一つ「カフェ」。モロッコにはどこの街でも至る所にカフェがあります。「あーー疲れた」って座れる場所がどこにでもあるのです。どのカフェも店の外までテーブルと椅子が出ていますから、ふうっ、と座ってしまう。そうしているうちにいくつかお気に入りのカフェができるのです。

　カフェではミントティーやコーヒーをよく飲みました。ミントティーを飲みたいときはミントティーを美味しく淹れてくれるカフェへ、コーヒーが飲みたいときは私好みのコーヒーを淹れてくれるカフェへ。それに持ち込みも自由ですから、好きなお菓子やパンを買ってカフェで食べることもできるし、飲み物１杯でずっといたって平気。何回か通えばカフェのおじさんとも仲良くなるし、一人で寂しいときには話相手にだってなってくれるのです。もちろん美味しい飲み物も、居心地のいい空間も大事ですけれどね、“あのおじさんがいるからあのカフェに行こう”。そんな具合。「人」って大事だと思うのです。

4

定番のサイドメニュー　スープ＆サラダ

モロッコ人には欠かせない断食明けに食べるスープ、ハリラ。
そのほかにもやさしい味のスープはいろいろ。
野菜をたっぷり使ったフレッシュなサラダも紹介します。

モロッコのスープの代表　ハリラ

～ラマダン（断食）明けに食べるやさしい味～

小麦粉でとろみをつけたスープのことを「ハリラ」と呼びます。中でもよく飲まれているのが、トマトをたっぷり入れた赤いハリラです。このハリラには、トマト、玉ねぎ、レンズ豆、ひよこ豆、牛肉や羊肉、セロリ、コリアンダーやイタリアンパセリ、ショートパスタとスパイスが入ります。使う素材や微妙な味付けは、家庭やお店によってさまざまで、溶き卵を入れる人もいます。

このスープはラマダンの時期によく飲まれます。ラマダンとは、イスラム暦第９月のこと。この時期は、日中（太陽が昇っている間）断食を行わなければなりません。１ヶ月間、日の出から日没までのあいだ食事をせずに、日没から日の出までのあいだに食事をします。「断食」とはいうものの、夕方、夜中、日の出前の３回食事をする家庭がほとんどです。日没が近付くと、空腹のモロッコ人たちは家路を急ぎ、その日のラマダン明けの食卓につきます。その食事のときに最初に食べる料理として、ハリラが用意されます。日中断食をしていた空腹の体に沁み込む、やさしい料理なのです。

もちろんラマダンの間だけではなく、それ以外の時期にも作ります。レストランや食堂ではハリラは定番メニューですし、お湯に小麦粉でとろみをつけ、ターメリックで色付けしただけのシンプルなハリラを毎朝作る家庭もあります。

また、ハリラ以外にも、季節の野菜や乾燥豆を使ったスープもよく飲まれています。

ハリラとその他のスープ　in　モロッコ

a. メディナ（旧市街）の
スパイス屋さん
b. 砂肝を入れたスープ
c. 陶器屋に並ぶスープの器
d. マラケシュの家庭の白いハリラ
e. レンズ豆の入ったサラダ
f. 市場のオリーブ屋さん
g. 食堂で食べたサラダ
h. パプリカとトマトの温かい
サラダ「トゥクトゥーカ」
（→78ページ参照）

モロッコのフレッシュなサラダ

～季節の野菜をそのままおいしく～

　モロッコのお野菜はたくさんの陽射しを浴びて、つやつやぴかぴか。実がしっかりしていて、味も濃く、野菜本来の味を楽しめます。食堂では、切っただけの野菜がサラダとして出てくることもしばしば。それでも甘くて、ひとつひとつの野菜の味がしっかりしていて、本当においしいのです。モロッコにいたときは、仕事中によく野菜をかじったものです。野菜の皮を剥いたり切ったりしていると、自然と口に野菜が運ばれます。それくらい、思わず食べたくなる味なのです。

　サラダとして出てくる野菜は、生のまま食べたり、火を通して食べたり、マリネにして食べたりとさまざまです。季節の野菜を多く取り入れ、それぞれにあった調理法やスパイス・ハーブがあります。にんじんやきゅうりはよくすりおろし、ピーマンやなすは丸ごと揚げたり、焼いたりします。また、シナモン風味にしたり、タイムやレモンコンフィのみじん切りを入れたり、クミンやパプリカを効かせたり。もちろん、塩だけでシンプルに食べることもあります。パンにつけて食べる習慣があるので、ペースト状のものやパンで簡単にすくえるくらいやわらかくゆでた野菜を使ったサラダも、モロッコらしい一品です。

　また、モロッコでとれるオリーブは格別。いたるところにオリーブの木があり、オリーブオイルの生産もさかんです。ほかの国のオリーブオイルにくらべて、味がしっかりしていて、パンにつけて食べると止まらなくなってしまいます。オリーブの実は、緑以外に黒や紫があり、日本でいうところのお漬け物のような感覚で食べたり、タジンに入れたりもします。

サラダ　in　モロッコ

モロッコのスープ

ハリラ

トマトベースのモロッコの定番スープ。具材の違いなど、各家庭の味があります。
ラマダン（断食）明けの食卓には必ずのぼる、温かくてやさしいスープです。

材　料　（4〜5人分）

牛肉…100g
玉ねぎ…中1個
A　ターメリック…小さじ½
　　ジンジャーパウダー…小さじ½
　　ブラックペッパー…小さじ½
塩…小さじ1
B　コリアンダー（みじん切り）…大さじ3
　　イタリアンパセリ（みじん切り）…大さじ3
　　セロリの葉（みじん切り）…大さじ3
シナモンスティック…1本
トマトの水煮（ジューサーにかけて
トマトジュース状にしておく）…1缶（約400g）
トマトペースト…小さじ½
ひよこ豆（水に一晩浸け、戻したもの）…20g
レンズ豆…30g
ショートパスタ…20g
小麦粉…20g（水100ccで溶いておく）
水…1500cc
オリーブオイル…大さじ2
レモン…½個
コリアンダー（みじん切り）…適量

作　り　方

1. 牛肉を1cmの角切りにする。
2. 鍋にオリーブオイルをひき、牛肉、玉ねぎ、Aのスパイス類、塩を入れてよくなじむように炒める（a）（このとき、少し焦げ付くようなら水を少し加える）。
3. 水を加え、Bのハーブ類とシナモンスティックを入れて沸騰させる（b、c）。
4. トマトの水煮、トマトペースト、ひよこ豆を入れ、ふたをして10分ほど煮込む（d）。
5. レンズ豆を入れて、豆がやわらかくなるまで20分ほど煮込む。
6. ショートパスタを加え、水で溶いた小麦粉を入れてとろみをつけ（e）、10分ほど煮込む。小麦粉を入れると焦げやすくなるので、弱火でよくかき混ぜること。
7. 器に盛り、コリアンダーをふりかけ、お好みでレモンを搾って食べる。

☞ トマトの酸味が気になる場合は、グラニュー糖を小さじ1程度加えてみてください。

☞ 牛骨（250gほど）をスープに入れて一緒に煮込むと、コクが出て深みのある仕上がりになります。牛骨が手に入らない場合は、固形ブイヨンを入れてみてください。

a

b

c

d

e

セモリナ粉のスープ

材　料（4人分）

デュラムセモリナ粉（細かい粒状のもの）…100g
水…700cc
牛乳…200cc
塩…小さじ1
オリーブオイル…大さじ1

作 り 方

1. 鍋に水を入れて沸騰させ、セモリナ粉を少しずつかき混ぜながら、加えていく。ダマにならないように注意。
2. 弱火にして煮込み、セモリナ粉がとろりとしてきたら、牛乳を加えてよく混ぜる。
3. 再び沸騰したら、ごく弱火にしてかき混ぜながらしばらく煮込み、塩を加える。
4. 仕上げにオリーブオイルをまわし入れてよく混ぜ、塩(分量外)で味を調える。

田舎でよく食べられる、おかゆのような白いスープ。大麦のクスクスでもよく作ります。

パスタ入り鶏肉と野菜のスープ

材　料（4人分）

鶏胸肉…100g
玉ねぎ…中½個
トマト…中1個
にんじん…中½本
ズッキーニ…½本
トマトペースト…小さじ2
コリアンダーとイタリアンパセリとセロリのブーケガルニ
ショートパスタ…20g
塩…小さじ1
オリーブオイル…大さじ1
水…1000cc

作 り 方

1. 玉ねぎはみじん切りに、その他の野菜と鶏肉は1cm角に切る。
2. 厚手の鍋にオリーブオイルをひき、玉ねぎ、トマト、鶏肉、塩を入れてさっと炒める。弱火にしてふたをし、蒸し煮にして野菜の水分を引き出す。
3. 野菜がしんなりしたら残りの野菜を加えて炒め、水を入れる。トマトペースト、ブーケガルニを加えて煮込む。
4. 野菜がやわらかくなったら、ショートパスタを入れて少し火にかけ、塩、ブラックペッパー（分量外）で味を調える。

モロッコではスープによくショートパスタを入れます。お好みの形状のものを使ってください。

野菜のポタージュ

材　料（4人分）

かぶ…中1個
にんじん…中½個
じゃがいも…中1個
玉ねぎ…中1個
塩…小さじ1弱
A　コリアンダー…10g
　　イタリアンパセリ…10g
クリームチーズ…20g
塩、ブラックペッパー…少々
水…600cc
オリーブオイル…大さじ1
イタリアンパセリ(みじん切り)…少々

作 り 方

1. 玉ねぎは粗くみじん切りに、それ以外の野菜は1cm角に切る。Aのハーブ類はザク切りにする。
2. 厚手の鍋にオリーブオイルをひき、かぶ、にんじん、じゃがいも、玉ねぎを入れて塩をふり、さっと炒める。弱火にしてふたをし、蒸し煮にして野菜の水分を出す。
3. 野菜がしんなりしたら水を加え、Aのハーブ類を加えて煮込む。
4. 野菜がやわらかくなったら火から下ろし、クリームチーズとともにミキサーにかける。
5. 4を鍋に戻して弱火にかけ、塩、ブラックペッパーで味を調える。器に盛り、イタリアンパセリをふる。

ドライグリーンピースのスープ

材　料（4人分）

ドライグリーンピース…200g
にんにく…4片
A　クミン…小さじ½
　　パプリカ…ひとつまみ
塩…小さじ½
オリーブオイル…大さじ1
クミン…少々
水…1500cc

作 り 方

1. 鍋に、水で洗ったドライグリーンピース、つぶしたにんにく、水を入れて煮込む。圧力鍋を使うとはやく火が通るのでおすすめ。
2. グリーンピースがやわらかくなったら、1の煮汁ごとミキサーにかけピューレ状にする。
3. 2を鍋に戻し、Aのスパイス類、塩を加えて少し煮込む（このとき固いようであれば水を適量加えて少しのばす）。
4. 器に盛り、オリーブオイルをまわしかけ、クミンをお好みでふりかける。

辛い味がお好みの方は、クミンのかわりに唐辛子パウダーをかけるのがおすすめです。

モロッコのサラダ

トゥクトゥーカ
〜焼きピーマンとトマトのサラダ

トマトとピーマン、パプリカを炒め、彩りよく仕上げた温かいサラダ。
ピーマンとパプリカを焼いてから使うことで、甘みが出て、香りもよくなります。

材 料 (3〜4人分)
ピーマン…2個
赤パプリカ…1個
黄パプリカ…1個
トマト…大1個
にんにく(すりおろし)…1片分
トマトペースト…小さじ1
A クミン…小さじ1
　パプリカ…小さじ½
　ブラックペッパー…ひとつまみ
塩…小さじ½
B コリアンダー(みじん切り)…大さじ2
　イタリアンパセリ(みじん切り)…大さじ2
オリーブオイル…大さじ2

作 り 方
1. ピーマン、パプリカをよく熱した網の上で転がしながら、焦げ目が全体につくように焼く(魚焼きグリルで焼いても可)(a、b)。
2. 1を皿にとり、ふんわりとラップをして10〜15分蒸らす(c)。焦げた皮が取れやすくなる。
3. 2の焦げ目を包丁で丁寧にこそげ落とし(d)、1cm角に切る。
4. トマトは皮をむいて種の部分を取りのぞき、1cm角に切る。
5. フライパンにオリーブオイルとにんにくを入れて弱火にかけ、香りを出す。
6. 5にトマト、トマトペースト、Aのスパイス類、塩を入れて中火でよく炒め、トマトソース状にする。
7. 6に3を入れて軽く炒める、仕上げにBのハーブを散らし、火を止める。

a

b

c

d

モロッコサラダ

トマトときゅうりを小さな角切りにして、
オイルとスパイスで和えたサラダ。クミンをほんのり効かせるのがポイント。
モロッコでは定番のサラダです。

材　料（3〜4人分）
トマト…大1個
きゅうり…1本
紫玉ねぎ…小½個
コリアンダー（みじん切り）…大さじ1
オリーブオイル…適量
A　クミン…ひとつまみ
｜　ブラックペッパー…ひとつまみ
塩…小さじ¼
レモンの搾り汁…¼個分

作り方
1.　トマトときゅうりを1cm角に切る。紫玉ねぎは粗めのみじん切りにする。
2.　ボウルに1の野菜とコリアンダー、オリーブオイルを入れてよく混ぜる
3.　Aのスパイス類、塩、レモンの搾り汁を加えてよく混ぜる。

オリーブオイルは、野菜すべてにしっかりとからむくらいの量を入れてください。

ザアルーク
～焼きなすのペーストサラダ

モロッコ料理の前菜として定番のサラダ。パンにつけていただきます。
オイルをたっぷりと入れて、スパイスをきかせます。

材　料（3～4人分）

米なす…2個
にんにく（すりおろし）…2片分
オリーブオイル…大さじ4
A　クミン…小さじ1
　　パプリカ…小さじ½
　　塩…小さじ½
B　コリアンダー（みじん切り）…大さじ2
　　イタリアンパセリ（みじん切り）…大さじ2

作り方

1. なすをよく熱した網の上でまわしながら、焦げ目が全体につくように焼く（魚焼きグリルで焼いても可）。
2. 1を皿にとり、ふんわりとラップをして10～15分蒸らす。
3. 2の焦げ目を丁寧にこそげ落とし、1cm角に切る。
4. フライパンにオリーブオイルとにんにくを入れて弱火にかけ、香りを出す。
5. 4に3とAのスパイス類を加えて中火でよく炒め、仕上げにBのハーブを散らし、火を止める。

なすを焼くことで香ばしい仕上がりに。ラップをして蒸らすと、焼いた皮が取れやすくなります。

空豆のサラダ

材　料（3～4人分）

空豆（さやから出した状態）…150g
にんにく（すりおろし）…1片分
オリーブオイル…大さじ1
A　コリアンダー（みじん切り）…大さじ½
　　イタリアンパセリ（みじん切り）…大さじ½
レモンコンフィの皮（22ページ参照）（みじん切り）…大さじ1
B　クミン…小さじ¼
　　パプリカ…小さじ¼
塩…小さじ¼
レモンの搾り汁…⅛個分

作り方

1.　空豆は少し切り込みを入れ、塩（分量外）を入れたお湯でゆでる。
2.　ボウルににんにくとオリーブオイル、ゆでたての空豆を入れてよく和える。
3.　2の粗熱が取れたら、Aのハーブ類、レモンコンフィの皮、Bのスパイス類、塩を加えてよく混ぜ、仕上げにレモンの搾り汁を加えて混ぜる。

にんじんのマリネ

材　料（3～4人分）

にんじん…中1本
にんにく（すりおろし）…1片分
オリーブオイル…大さじ1
グラニュー糖…小さじ1～2
イタリアンパセリ（みじん切り）…大さじ1
A　クミン…小さじ¼
　　パプリカ…小さじ¼
塩…小さじ¼
レモンの搾り汁…⅛個分

作り方

1.　にんじんを5cmほどの長さの食べやすい大きさに切り、ゆでる。
2.　ボウルににんにくとオリーブオイル、グラニュー糖を入れ、ゆでたてのにんじんを加えてよく和える。
3.　イタリアンパセリ、Aのスパイス類、塩を加えてよく混ぜ、仕上げにレモンの搾り汁を加えて混ぜる。

さやいんげんのサラダ

材　料（3～4人分）

さやいんげん…15本
紫玉ねぎ…小¼個
コリアンダー（みじん切り）…大さじ1
オリーブオイル…大さじ1
塩…ひとつまみ
ブラックペッパー…ひとつまみ
レモンの搾り汁…⅛個分

作り方

1.　さやいんげんを塩（分量外）を入れた湯でゆで、冷ましてから5cmほどの長さに切る。紫玉ねぎはみじん切りにする。
2.　ボウルに1、コリアンダー、オリーブオイルを入れてよく混ぜ、仕上げに塩、ブラックペッパー、レモンの搾り汁を加えて混ぜる。

オリーブのマリネ

材　料（3～4人分）

オリーブ…30粒
コリアンダー（みじん切り）…大さじ1
オリーブオイル…大さじ1
にんにく（すりおろし）…少々
クミン…小さじ¼
パプリカ…小さじ¼
レモンコンフィの皮（22ページ参照）…少々

作り方

1.　ボウルにレモンコンフィの皮以外の材料を入れて、よく混ぜる。
2.　仕上げに細く切ったレモンコンフィの皮をのせる。

缶詰、瓶詰めのオリーブを使う場合は少し水に浸けて、お好みの加減に塩気を抜く。

お好みでレモンの搾り汁をかけてもおいしいです。

✦COLUMN✦

好きな場所 in モロッコ ✦ 4

メディナ

モロッコで好きだった場所の一つ『メディナ(旧市街)』。主要都市は、新しく造られた新市街と昔からの町並みの旧市街があって、旧市街はたいてい迷路のように入り組んでいて、迷路の中にはマルシェや雑貨、洋服、靴屋さん、パン、お菓子、アンティーク屋さんなど、いろんな店がひしめき合っているお買い物天国。お腹がすけば手軽に食べられる食堂もあり、カフェも充実、もちろんハンマムも。

休みの日には、友人と買い物をしたり、知り合いの工房のおじさんのところに遊びに行ったものです。あの空間にいくと、何百年もタイムスリップしたような感覚に陥るから不思議。時の流れがゆっくりなのです。目の前を通るのは荷物を背負ったロバや、買い物帰りの髭のおじさん、バケツを持ってハンマムに出かけるおばさん、こっそりデートしている若い男女。お気に入りのカフェで人間観察をしていると、まるで映画の世界にでも入ってしまったよう。

古いもの、古い場所の持つ趣は味わい深く、アザーンの声に耳をすませながらその世界を楽しんだものです。

5

甘いもの大好き お菓子と飲みもの

ナッツやドライフルーツを使ってしっかりした甘さに仕上げた
お菓子と甘いミントティーがモロッコの定番です。

モロッコのティータイム

～甘いお菓子と甘いお茶～

モロッコ人は甘いものが大好きです。お菓子にはしっかりとした甘みがついています。加えて、ピーナッツやアーモンド、くるみ等のナッツ類もよくとれますから、それらがベースになったお菓子も多いのですが、食べ慣れない私たちにはとても甘い、究極の“スイーツ”です。そのほかに、プルーン、レーズン、デーツ、いちじくなどのドライフルーツも豊富。そのまま食べるのはもちろん、お菓子の材料としても欠かせません。また、ローズウォーターやオレンジフラワーウォーターと呼ばれる蒸留水と「ヌスカホラ」と呼ばれる白い樹脂を、バニラエッセンスのように香料としてよく使います。香りもとても大切にする文化なのです。

そして、モロッコのお茶の時間に欠かせないのがミントティー。ガンパウダーと呼ばれる中国緑茶に、生のミントとお砂糖をたっぷり入れて飲むのがモロッコ流。お砂糖は、好みで自分のカップに入れるのではなく、ティーポットに入れて茶葉と一緒に少し煮出します。ミントはスペアミントが主流ですが、季節や地域によって種類はさまざま。また、ほかのハーブと混ぜたり、砂漠地方ではミントは入れずにガンパウダーだけのお茶を、サフランの産地ではサフラン入りのお茶を淹れたりと、気候や土地によってバリエーションがあります。ミントティーは朝食には必ず用意され、昼食後、お茶の時間などふっとひと息入れたいときにも飲まれます。日本で緑茶を飲むのと同じ感覚です。ポットはアルミ、ホウロウ、ステンレス、銀製のもの、グラスはシンプルなものから、繊細な模様や細工がついたものなどいろいろあり、お邪魔した先でそれらを見るのも楽しみの一つ。どの家庭も必ずトレーに布を一枚ひいてティーポットとグラスを並べ、お茶の用意をします。お茶を淹れるという行為をとても大切にするのです。

ミントティーの淹れ方

茶葉と生のミントで淹れるミントティーです。砂糖は最後にお好みで加えてみてください。ティーポットは直火にかけられるものを使ってください。

材 料（4人分）

中国緑茶の茶葉（ガンパウダー）…ティースプーン1～2杯
生のスペアミント（茎ごと）…ひとつかみ
湯…500～600cc

作り方

1. ティーポットに茶葉を入れる。

2. 茶葉がちょうどかぶるくらいの熱湯を注ぎ、ふたをして2～3分ほど置き、茶葉をひろげる。茶葉を洗うようにしてポットを横にまわす（ゆらす）。

3. いったんお湯を捨て、再び熱湯を注ぐ。直火にかけて、沸騰させる。モロッコではここで砂糖のかたまりを一緒に入れて沸騰させる。

4. 火を止めて生のミントを茎ごと入れ、ふたをしてしばらく蒸らす。グラスに注ぎ、お好みで砂糖を溶かして飲む。

ティータイム in モロッコ

a. おもてなしのお菓子
b. 田舎のティータイム
c. ミントティーを淹れる砂漠地方の女性
d. 街のナッツ売り
e. モロッコのティーセット
f. 伝統的な焼き菓子「ゴリーバ」の「レモンのゴリーバ」
g. メディナ(旧市街)のドライフルーツ屋さん
h. 食堂で飲んだミントティー
i. モロッコのお茶うけ

モロッコのスイーツ

アーモンドとレーズンのフッカス

ビスコッティのようなモロッコを代表するクッキー。
甘いだけではなく、スパイスがほんのり香るのが魅力です。

材　料（約30個分）

薄力粉…200g（ふるっておく）

A
- アーモンド…25g（小さく切っておく）
- レーズン…50g
- グラニュー糖…50g
- 卵…1個
- ベーキングパウダー…小さじ¼
- アニス…10g
- サラダオイル…50cc
- オレンジフラワーウォーター…大さじ1
- 塩…ひとつまみ

卵黄…1個分

インスタントコーヒー…小さじ1

作り方

1. ボウルにAの材料を入れて、よく混ぜる。薄力粉を少しずつ加えながら混ぜる。
2. 生地を2等分して円柱状にまとめ、少しつぶして楕円の棒状にする（a）。
3. ボウルに卵黄を溶き、少量の熱湯で溶いておいたインスタントコーヒーを加えてよく混ぜ、2の表面に、はけで塗る（b）。こうすると、焼き色がよく仕上がる。
4. フォークで表面にデコレーションする（c）。
5. オーブンシートをひいた天板に並べ、160℃に予熱したオーブンで10～15分ほど焼く。
6. しめらせたふきんをかけてしばらくおく。こうして生地を落ち着かせると、切ったときに崩れない。
7. 生地が落ち着いたら0.5cm幅に斜めに切り（d）、切り口を上にして天板に並べ、さらに10～15分ほど焼く（e）。

お好みのドライフルーツやナッツを入れて作ってもOK。モロッコにもいろいろなフッカスがあります。

a

b

c

d

e

ゴマのゴリーバ

ゴマをたっぷりと使った、モロッコの伝統的な
焼き菓子。ゴリーバにもいろいろな種類がありますが、
一番ベーシックなものを紹介します。

材　料（約25個分）

薄力粉…250g
粉砂糖…50g
ベーキングパウダー…7g
煎りゴマ…10g
溶かしバター（無塩）…70g
サラダオイル…100cc
塩…ひとつまみ

作り方

1. 粉類をあわせてふるう。
2. ボウルにすべての材料を入れてよく混ぜ合わせる。
3. ピンポン玉くらいの大きさに丸める。
4. オーブンシートをひいた天板に間隔をあけて並べ、170℃に予熱しておいたオーブンで10～15分ほど焼く。

アーモンドのブリワット

アーモンドペーストが包まれた三角の春巻き。揚げた
お菓子をはちみつにつけるのは、モロッコの定番です。

材　料（約30個分）

アーモンド…250g
グラニュー糖…125g
A　溶かしバター（無塩）…50g
　シナモンパウダー…小さじ1
　オレンジフラワーウォーター…大さじ1
春巻きの皮（20×20cm）…15枚
水溶き小麦粉…適量
はちみつ…適量
ゴマ…少々
揚げ油…適量

作り方

1. 沸騰した湯にアーモンドを入れて1～2分ゆでてザルにあげ、茶色の皮をむく。
2. 1のアーモンドとグラニュー糖を一緒にフードプロセッサーにかけ、白あん状にする。
3. ボウルに2とAを入れて手でよく混ぜ、2cm大に丸める。
4. 春巻きの皮を縦長に4等分し、3の具をのせて三角形に包み、水溶き小麦粉でとめる（包み方は56ページ参照）。
5. 4をきつね色になるまで揚げ、鍋で温めておいたはちみつにつけ、ゴマをふりかける。

甘いパスティラ

パスティラやブリワット、シガーの皮を使ったお菓子。
オレンジフラワーウォーターの香りが効いたクリームがポイントです。

材　料（15cm大 1個分）

春巻きの皮（20×20cm）…10枚
（直径15cmの丸型に切る）
揚げ油…適量
卵黄…3個分
グラニュー糖…75g
小麦粉…20g
牛乳…250cc
オレンジフラワーウォーター
（またはローズウォーター）…大さじ1

◉ 飾り用
アーモンド（皮をむいて揚げ、くだいたもの）…適量
粉砂糖、シナモンパウダー…適量
ミント…適量

作り方

1. カスタードクリームを作る。ボウルに卵黄を溶き、グラニュー糖を加え、白っぽくなるまでよく混ぜる。小麦粉を加え、ざっくりと混ぜる（混ぜすぎないように）。
2. 鍋に牛乳を入れて沸かし、1に少しずつ加えながら溶きのばし、オレンジフラワーウォーターを加えてよく混ぜる。裏ごしして、鍋に戻す。
3. 鍋を強火にかけ、たえず混ぜ続ける。沸騰直前でクリームが重たくなるがそのまま2〜3分混ぜ続け、火から下ろす。泡立て器で持ち上げたときに、ぽってりと落ちるくらいのかたさになる。
4. バットに広げて粗熱を取り、ラップをして冷蔵庫で冷やす。ボウルに移して木ベラで混ぜ、なめらかにする。
5. 春巻きの皮を一枚ずつ揚げ、油を切って冷ます。皮が薄い場合は、二枚重ねたまま上げると失敗しにくい。
6. 5の春巻きの皮に4のカスタードクリームをぬってアーモンドを散らす。春巻きの皮とクリームを交互に重ねていく。仕上げに粉砂糖とシナモンパウダーを茶漉しでふり、アーモンドを散らして、ミントを飾る。

モロッコのジュース

いちごとレモンのジュース

材　料　（2人分）

いちご…200g

レモンの搾り汁（漉したもの）…50cc

グラニュー糖…30g

作　り　方

1.　いちごを適当な大きさに切り、レモンの搾り汁とグラニュー糖と一緒にジューサーでまわす。

いちごの甘さによって、グラニュー糖とレモンの搾り汁の分量は調整してください。

アーモンドミルクジュース

材　料　（2人分）

アーモンド…70g

牛乳…250cc

グラニュー糖…20g

オレンジフラワーウォーター…小さじ1

作　り　方

1.　沸騰したお湯にアーモンドを入れ、1～2分ゆでてザルに上げ、茶色の皮をむく。

2.　ジューサーに1、牛乳、グラニュー糖を入れて、アーモンドが粉々になるまでよくまわし、ガーゼ等で漉す。

3.　仕上げにオレンジフラワーウォーターを入れて、かるく混ぜる。

オレンジとにんじんのジュース

材　料　（2人分）

オレンジの搾り汁（漉したもの）…200cc

にんじん…30g

オレンジフラワーウォーター…小さじ1

グラニュー糖…10g

作　り　方

1.　にんじんをすりおろす。

2.　ジューサーに1とグラニュー糖、オレンジの搾り汁を入れてよくまわす。

3.　仕上げにオレンジフラワーウォーターを入れて、かるく混ぜる。

オレンジの甘さによって、グラニュー糖の量は調整してください。

アボカドジュース

材　料　（2人分）

アボカド（やわらかいもの）…1個

牛乳…200～250cc

グラニュー糖…20g

作　り　方

1.　アボカドを適当な大きさに切り、牛乳とグラニュー糖と一緒にジューサーでまわす。

牛乳の量によって、ムースのようなとろりとした状態になります。お好みの加減にしてください。

おわりに

「おかげ様です」

私は何も持っていません。私ができることはほんの少しです。ただ私は、この10年いつも前を見て歩きました。涙がこぼれそうになったら空を見ました。楽しいときは思い切り笑い、納得できないことには正面から向かいました。

こんな私がこうして笑ってモロッコから帰国できたのは、モロッコで出会った方々のおかげです。楽しいときは一緒に笑い、悲しいときは胸をかしてくれました。研修先のレストランの方々はもちろん、仲良くしてくれた友人と家族、仕事仲間。何よりChoumicha（シュミシャ）とその家族。こんな私を公私ともに受け入れてくれ、沢山のチャンスを与えて下さいました。私がこの本を作れたのは、私に料理を教えて下さったモロッコの方々のおかげです。私にチャンスを与えて下さったモロッコの方々のおかげです。私に楽しく暮らすことを教えて下さったモロッコの方々のおかげです。

また、こうしてモロッコ料理店を日本でオープンすることができたのは、中目黒のスペインバル“バル エンリケ”のオーナーシェフ星野伸一さんのおかげです。“店をやってみたら？”という星野さんの一言と、それと同時にずっと大切にしていた空間を私に譲って下さったおかげなのです。

はじめてモロッコと出会ってから10年後の今年、私を魅了したモロッコ料理の本を作ることができたのは、食いしん坊だけれど本当に控え目な河出書房新社の星野愛実さんのおかげです。日本ではまだそれほど知られていない「モロッコ料理」の本を作りましょうと声をかけて下さり、制作にあたってはいつも陰で動いて下さいました。

最後に私事で恐縮ですが、モロッコに行くことを反対しながらも、ずっと温かく見守ってくれた両親と友人達へ。こうして今日も私が笑って暮らせているのは皆様のおかげです。

皆様に心より感謝し御礼を申し上げます。

モロッコ料理の探求はまだまだ尽きません。帰国して、モロッコ料理を作れば作るほど知りたいことが出てくるのです。これからも機会あるごとにモロッコに足を運びモロッコの味を追求していきたいと思います。

2010年5月　小川 歩美

小川歩美（おがわ・あゆみ）

モロッコ料理店「ENRIQUE MARRUECOS（エンリケマルエコス）」店主。'04～'08年モロッコにて、4軒のレストランと料理教室で修業を積んだのち、料理研究家の元に弟子入りし、腕を磨く。'08年に帰国。'09年11月、東京・東北沢にモロッコ料理店をオープン。本場仕込みの料理とその人柄に惹きつけられる人が多い。

STAFF

撮影——浦田圭子

スタイリング——本郷由紀子

デザイン——三上祥子（Vaa）

調理協力——小川喜美代

本書の内容に関するお問い合わせは、お手紙かメール（jitsuyou@kawade.co.jp）にて承ります。恐縮ですが、お電話でのお問い合わせはご遠慮くださいますようお願いいたします。

撮影協力

○ ファティマモロッコ
東京都港区南青山3-9-12
佐藤ビル2階
03-6410-5758
http://www.fatimamorocco.com/

○ ガダン
東京都渋谷区恵比寿西2-16-11-101
03-3464-5532
http://www.gadan.co.jp/

special thanks

○ Bar Enrique
東京都目黒区上目黒2-10-4
03-3791-3023

○ Hélios édition s.a.r.l,
Rue Mohamed Diouri,
Passage de la Fraternelle,
N°13, Quartier Foncière
Casablanca, Maroc.
(212)522 44 06 05/09
http://www.
saveursetcuisinedumaroc.com/

家庭で楽しむ モロッコ料理

2010年5月30日　初版発行
2020年3月20日　新装版初版印刷
2020年3月30日　新装版初版発行

著者——小川歩美
発行者——小野寺優
発行所——株式会社 河出書房新社
〒151-0051　東京都渋谷区千駄ヶ谷2-32-2
電話 03-3404-1201（営業）
03-3404-8611（編集）
http://www.kawade.co.jp/
印刷・製本——凸版印刷株式会社

Printed in Japan
ISBN 978-4-309-28791-1

●本書は2010年5月小社刊『家庭で楽しむモロッコ料理』を新装したものです。